하루 10분 좋은 영어습관

웃음이 있는
짧은 영어

웃음이 있는 짧은 영어

엮은이 | 김승은
초판 1쇄 발행 | 2007년 6월 14일
초판 4쇄 인쇄 | 2010년 2월 26일

발행인 | 박효상
기획책임 | 전병기
영업책임 | 이종선, 이태호
출판등록 | 제 10-1835호
발행처 | 사람in
주소 | 121-839 서울시 마포구 서교동 378-16
전화 | 02)338-3555(代)
팩스 | 02)338-3545
이메일 | saramin@netsgo.com
홈페이지 | www.saramin.com

* 값은 표지에 있습니다.
* 파본은 바꾸어 드립니다.

ⓒ 김승은 2007

ISBN 978-89-6049-010-9 (set)
ISBN 978-89-6049-040-6 13740

하루 10분 좋은 영어습관

웃음이 있는 짧은 영어

| 김승은 |

사람 in
saramin.com

머리말

지금까지 그래왔고 앞으로도 계속 우리의 숙원사업이자 극복 과제가 될 영어! 그동안 우리나라에 불어 닥친 영어 교육 바람은 영어 회화가 유행하는가 하면 스크린 회화 붐이 일기도 하고, 그래도 문법을 알아야 영어를 잘 할 수 있다며 문법의 중요성을 강조하기도. 합니다. 어디 그뿐인가요. 다른 한편에서는 귀가 뚫려야 입이 뚫린다는 식의 청취력을 강조하는 영어 공부 방법이 큰 인기를 끌기도 합니다. 틀린 말은 없고 들어 보면 고개가 절로 주억거려질 만큼 귀가 솔깃해지는 이야기들뿐이죠. 중요한 것은 토익 점수가 아니라 말하고 읽고 쓸 수 있는 진짜 영어 실력이라는 너무나 당연한 이야기에 공감하면서 어떻게 하면 진짜 영어를 잘 할 수 있을까하는 고민 한 두번 안 해본 사람 대한민국에 없을 것입니다.

그래도 이제는 유행처럼 몰려왔다가 사그러드는 이러저러한 영어 공부 방법보다는 많이 읽고 많이 들음으로써 먼저 영어 문장에 대한 감을 익혀나가는 것이 중요하다는 인식이 영어 공부를 하는 사람들 사이에 느리지만 서서히 자리잡혀 나가는 것 같아 영어 교육에 몸담고 있는 한 사람으로서 참 다행스럽다는 생각이 듭니다. 난치병에 걸린 환자가 의사를 버리고 기적의 치료법 운운하는 단기적이고 즉흥적인 효과에 혹해서 돈, 시간, 건강을 모두 잃고 결국 만신창이가 되는 것처럼 영어에도 한 번에 원어민 수준으로 말이 트이고 귀가 트이는 기적의 치료법은 없습니다. 그저 많이 읽고 많이 듣고 많이 기억하고 외움으로써 얻어진 표현만이 진짜 내 영어 실력이 될 수 있는 것이지요.

그런 취지에서 펴낸 〈감동이 있는 짧은 영어〉와 〈영화 속 명대사〉가 독자 여러분의 꾸준한 관심과 사랑을 받고 있다는 것은 상당히 의미있는 일입니다. 같은 맥락에서 이번에 여러분과 만나게 된 〈웃음이 있는 짧은 영어〉 역시 여러분의 영어 공부와 영어 실력 향상에 작으나마 유용한 보탬이 되지 않을까 생각합니다. 공부에 왕도는 없지만 읽기를, 듣기를, 쓰기를 일상생활 속에서 즐기다 보면 실력은 부수적으로 늘게 되어 있습니다. 1-1-10 시리즈는 여러분이 생활 속에서 영어를 가깝고 친근하게 느낄 수 있도록 도와주는 도우미이자 길잡이가 되고 싶습니다.

1-1-10 시리즈는 각 권마다 특색이 있습니다. 〈감동이 있는 짧은 영어〉에서는 문장 속에서 나온 패턴을 익히고, 그 패턴을 활용하여 일상생활이나 비즈니스를 할 때 다양한 상황에서 회화하고 영작할 수 있도록 기획되어 있습니다. 원문을 그대로 외우는 것도 좋고, 해석과 별도로 만들어진 다양한 예문들을 기억해 두었다가 활용하는 것도 좋습니다. 〈영화 속 명대사〉는 회화체로 이루어져 있다는 특징을 살려 말하기에 중점을 두었습니다. 대사를 따라서 소리내어 말하고 상황을 연기하듯 친구와 함께 대사를 외워 활용한다면 더 큰 효과를 볼 수 있습니다. 〈웃음이 있는 짧은 영어〉는 영어의 묘미를 잘 알아야 웃을 수 있는 이야기가 많이 들어 있습니다. 굳이 우리말로 해석하려 하지 말고 영어를 그대로 받아들이며 웃고 즐기다 보면 자연스럽게 영어의 감각을 익힐 수 있습니다. 아, 이거 참 재미있다 싶은 이야기는 가능하면 지문의 핵심적인 부분을 외워서 친구나 외국인에게 말해주거나 메일로 보내주는 것도 좋은 공부방법이 되겠습니다. 물론 매 페이지의 오른쪽에 있는 응용 예문과 설명도 잘 읽고 기억해 두면 진짜 영어 실력자로 거듭나는 데 큰 보탬이 될 것입니다.

하루에 한 번 10분씩 공부하는 1-1-10 시리즈는 여러분이 진짜 영어 실력자가 되는 그 날까지 생활 속에서 여러분과 늘 함께 하고 싶습니다.

《웃음이 있는 짧은 영어》의 구성과 특징

처음에는 영어 원문만 읽어보세요. 모르는 단어나 내용이 나와도 그냥 끝까지 읽으세요. 그리고 나서 어휘 뜻과 문장에 대한 설명을 읽으면서 기억하고 싶은 표현을 표시해 가며 여러 번 소리내어 말해보고 기억하세요.

영어 원문
읽다가 모르는 단어가 나와도 개의치 말고 앞뒤 상황을 추측해가며 끝까지 읽으세요. 다시 한 번 읽어본 후에 모르는 단어의 뜻을 확인하고 한 번 더 읽어보세요.

어휘
본문에 나온 영어 단어나 표현이 어떤 의미로 쓰였는지를 알려드립니다. 단어나 숙어, 표현들만 따로 달달 외우는 것보다는 문맥 안에서 어떤 쓰임으로 쓰였는지 연결해서 기억하는 것이 효과적입니다.

Story 2. The Silent Treatment
어디 한번 속 터져 봐라!

A man and his wife were having some problems at home and were giving each other the silent treatment. Suddenly, the man realized that the next day, he would need his wife to wake him at 5:00 AM for an early morning business flight. Not wanting to be the first to break the silence (and lose), he wrote on a piece of paper, "Please, wake me at 5:00 AM."

He then left it where he knew she would find it. The next morning, the man woke up, only to discover it was 9:00 AM and he had missed his flight. Furious, he was about to confront his wife to see why she hadn't woken him, when he noticed a piece of paper by the bed. The paper read, "It is 5:00 AM. Wake up."

- **give the silent treatment** 무시(묵살)하다
- **business flight** 비행기를 타고 가는 출장
- **break the silence** 냉전을 깨다, 먼저 말을 걸다
- **furious** 엄청 화가 난, 격노한
- **confront** 맞닥뜨리다, 맞서다

- treatment이라고 하면 '치료' 나 '처리' 라는 의미가 퍼뜩 떠오를 것이다. 그러나 우리말과 영어를 일대 일로 연결하는 것의 한계를 극복하려면 영어 예문을 많이 기억하는 것이 좋다. 이 이야기에서와 같이 알다툼을 하고 냉전 중인 부부나 연인이 말은 안 하고 묵지부적 대화 하는 것처럼 상대방을 무시하고 경멸하고 침묵으로 대응하는 것을 silent treatment라고 한다. kind treatment는 누구로부터 받는 '친절한 대접' 을 말하고, 반대로 cruel treatment는 '푸대접을 받는다' 고 할 때 쓴다. 하나 더 처음 만나는 사람들이 모였을 때의 어색함을 깨는 것은 break the ice라고 한다.

I visited Jimmy's parents' last Friday and received **kind treatment**.
지난 주 금요일에 지미의 부모님을 찾아뵈었는데 참 잘 대해 주시더라.
Shall we **break the ice** by playing some games?
우리 게임을 하면서 이 어색한 분위기를 깨 볼까요?

••• You know what? 정말? 정말!

Do you know when and how was an alarm clock invented?
Leonardo da Vinci invented an alarm clock that woke you by
tickling your feet.
자명종 시계가 언제 어떻게 생겨났는지 아시나요? 레오나르도 다빈치가 발바닥을 간지럽혀서 깨우게 했던 것이 최초의 자명종 시계라고 하네요.

••• construction

한 남편과 아내가 집에서 다투고 ⓐhaving some problems. 난 후 서로 말을 하지 않으며 silent treatment 지내고 있었다. 갑자기 ⓑSuddenly 남편은 다음 날 아내에게 아침 5시에 깨워 달라고 해야 아침 일찍 비행기를 타고 출장을 갈 ⓒbusiness flight 수 있다는 것을 깨달았다. 먼저 냉전을 깨느냐 ⓓbreak the silence 지고 싶지 않아서 남편은 종이 쪽지 ⓔon a piece of paper 이렇게 썼다. "아침 5시에 좀 깨워줘."
그리고는 그 종이를 아내가 볼 만한 곳에 놓아두었다. 다음 날 아침 남편이 일어나니 ⓕwoke up 보니 ⓖonly to discover 아침 9시였다. 그는 비행기를 놓친 ⓗmissed his flight 것이었다. 화가 난 ⓘfurious 남편은 왜 자기를 깨우지 않았는지 따지러고 ⓙsee why she hadn't woken him 아내와 대면 하러고 ⓚconfront 했는데 그 때 침대 옆에 있는 메모 한 장을 발견했다 ⓛnoticed. 그 쪽지에는 이렇게 쓰여 있었다. "아침 5시에요, 일어나세요ⓜWake up."

1st Week Day 1 17

목차

1st Week 화성에서 온 여자, 금성에서 온 남자

- Day 1 **Domestic Scenes** 12
  부부싸움
- Day 2 **Totally Different** 20
  달라도 너무 달라
- Day 3 **Men's Favorite, Women's Favorite** 28
  남자가 바라는 것, 여자가 바라는 것
- Day 4 **A Man's Rules** 36
  남자들의 항변
- Day 5 **Wanted: Super Woman** 44
  수퍼우먼 구인 광고

2nd Week 당신의 직업이 당신이 누구인지 말해준다

- Day 1 **Your Occupation** 54
  당신의 직업이 당신이 누구인지 말해준다
- Day 2 **Real Meaning** 62
  진정한 속뜻은…
- Day 3 **Wise Interpretation** 70
  해석하기 나름
- Day 4 **A Dead Duck** 78
  죽은 오리
- Day 5 **Philosophy of Life- Too Painful to Be True** 86
  인생의 원리-너무나 고통스러운 진실

3rd Week 안녕하세요, 하느님

Day 1 **So Innocent** 96
너무나 순수한

Day 2 **Out of Curiosity** 104
궁금해서 그러는데요

Day 3 **Great Truths about Life** 112
인생의 위대한 진리

Day 4 **Don't Rain on the Parade** 120
남의 일에 초치지 말지어다

Day 5 **Things You Should Have Learned by Middle Age** 중년쯤 되면 깨닫게 되는 것들 128

4th Week 한바탕 웃음으로

Day 1 **To Say or Not to Say** 138
해야 할 말과 하지 말아야 할 말

Day 2 **Life is Still Beautiful** 146
그래도 인생은 아름답습니다

Day 3 **Life from Both Sides** 154
삶이란 생각하기 나름

Day 4 **Alcohol Warnings** 162
술 취했을 때의 증상

Day 5 **Change of Mind** 170
마음 바뀌는 건 한순간

1st Week

화성에서 온 여자, 금성에서 온 남자

1st WEEK DAY 1

April showers brings May flowers.

비 온 뒤에 땅이 굳어진다.

— Proverb —

Domestic Scenes
부부싸움

It is in the Bible that the man should do the coffee.
남자가 커피를 끓여야 한다고 성경에도 나와 있어요.

Story 1. Who Should Brew the Coffee

아침에 커피 끓이기는 누가 할 일?

A man and his wife were having an argument about who should brew the coffee each morning.

The wife said, "You should do it, because you get up first, and then we don't have to wait as long to get our coffee."

The husband said, "You are in charge of cooking around here and you should do it, because that is your job, and I can just wait for my coffee."

The wife replied, "No, you should do it, and besides, it is in the Bible that the man should do the coffee."

With that the husband balked, saying, "I can't believe that, show me."

The wife then fetched the Bible, and opened the New Testament and showed him at the top of several pages, that it indeed says... "HEBREWS".

- **have an argument** 말다툼을 하다, 언쟁하다
- **brew coffee** 커피를 내리다
- **be in charge of** ~를 담당하다(맡다), ~의 책임을 지다
- **reply** 대답하다
- **besides** 게다가, 더구나
- **balk** (말이) 막히다
- **fetch** (가서) 가지고 오다(=bring)
- **New Testament** 신약 (성서)

• HEBREWS는 신약 성서의 '히브리서'라는 뜻인데 이것을 He brews라고 띄어 읽으면 '남자가 (커피를) 끓인다'가 되므로 아내는 성경에 커피는 남자가 끓인다고 나와 있다며 우기는 것이다. '역사'라는 뜻으로 쓰이는 history가 his story, 즉 남자 중심의 역사를 말하는 것이라고 해서(HEBREWS의 경우처럼 띄어쓰기를 이용한 장난스러운 우기기가 아니라 근거가 있는 경우이지만) 예전에 모 백화점 광고에서는 '이제 여성들의 역사, herstory를 이곳에서 만들자'라는 광고를 하기도 했다.

"남자야? 여자야?"는 he나 she로 간단하게 표현하면 된다. 영화 *Don't say a word*에서 조교가 교수에게 형사가 교수실에서 교수님을 기다리고 있다며 A cop is waiting at your office라고 말하는 대목이 나온다. 그러자 교수가 Why is he here?라고 묻는데 이에 대해 조교는 She!라고 대답한다. 형사가 여자라는 말을 It's a woman이라고 하지 않고 그냥 She!라고 한 것이다.

A: Honey, I'm home! Oh, I'm exhausted.
여보, 나 왔어! 아휴, 피곤해 죽겠다.

B: How could your boss make you work until 11 on Saturday? I think your boss is mean. I hate him.
어쩜 당신 상사는 토요일에 11시까지 일을 시켜요?
당신 상사 정말 나쁜 인간이네. 그 남자 맘에 안 들어.

A: **Her.**
여자야.

• • • **construction**

한 남편과 아내가 아침마다 누가 커피를 끓일 것인지brew the coffee를 두고 말다툼을 하고 있었다having an argument. 아내가 말하기를, "당신이 해야지should do it. 왜냐면 당신이 (나보다) 먼저 일어나잖아get up first. 그래야 커피 마시려고get our coffee 그렇게 오래as long 기다릴 필요도 없고don't have to wait." 남편은 이렇게 말했다. "집에서around here 요리하는 건 당신 담당이잖아in charge of cooking. 그러니까 당신이 해야지. 당신 일your job인걸. 그리고 난 좀 기다렸다가 커피 마셔도wait for my coffee 괜찮거든." 아내가 다시 말했다. "아니, 당신이 해야 해. 더구나besides 남자가 커피를 끓여야do the coffee 한다고 성경the Bible에도 나와 있단 말이야." 그 말을 듣고With that 멈칫한balked 남편이 말했다. "말도 안 돼I can't believe that. 어디 보여줘 봐." 그러자 아내는 성경책을 가져와서는fetched 신약편 New Testament을 펼쳐서 몇 페이지의 제일 위쪽을 남편에게 보여줬다. 거기에는 정말indeed 이렇게 쓰여 있었다it says.

"히브리서(남자가 커피를 끓인다)"

Story 2. The Silent Treatment
어디 한번 속 터져 봐라!

A man and his wife were having some problems at home and were giving each other the silent treatment. Suddenly, the man realized that the next day, he would need his wife to wake him at 5:00 AM for an early morning business flight. Not wanting to be the first to break the silence (and lose), he wrote on a piece of paper, "Please, wake me at 5:00 AM."

He then left it where he knew she would find it. The next morning, the man woke up, only to discover it was 9:00 AM and he had missed his flight. Furious, he was about to confront his wife to see why she hadn't woken him, when he noticed a piece of paper by the bed. The paper read, "It is 5:00 AM. Wake up."

- **give the silent treatment** 무시[묵살]하다
- **business flight** 비행기를 타고 가는 출장
- **break the silence** 냉전을 깨다, 먼저 말을 걸다
- **furious** 엄청 화가 난, 격노한
- **confront** 한바탕하다, 맞서다

- **treatment**라고 하면 '치료'나 '처리'라는 의미가 퍼뜩 떠오를 것이다. 그러나 우리말과 영어를 일대 일로 연결하는 것의 한계를 극복하려면 영어 예문을 많이 기억하는 것이 좋다. 이 이야기에서와 같이 말다툼을 하고 냉전 중인 부부나 연인이 말은 안 하고 쪽지로만 대화하는 것처럼 상대방을 무시하고 경멸하고 침묵으로 대응하는 것을 **silent treatment**라고 한다. **kind treatment**는 누구로부터 받는 '친절한 대접'을 말하고, 반대로 **cruel treatment**는 '푸대접을 받는다'고 할 때 쓴다. 하나 더! 처음 만나는 사람들이 모였을 때의 어색함을 깨는 것은 **break the ice**라고 한다.

I visited Jimmy's parents' last Friday and received **kind treatment**.
지난 주 금요일에 지미네 부모님을 찾아뵈었는데 참 잘 대해 주시더라.

Shall we **break the ice** by playing some games?
우리 게임을 하면서 이 어색한 분위기를 깨 볼까요?

••• You know what? 정말? 정말!

Do you know when and how was an alarm clock invented? Leonardo da Vinci invented an alarm clock that woke you by tickling your feet.
자명종 시계가 언제 어떻게 생겨났는지 아시나요? 레오나르도 다빈치가 발바닥을 간지럽혀서 깨우게 했던 것이 최초의 자명종 시계라고 하네요.

••• construction

한 남편과 아내가 집에서 다투고having some problems 난 후 서로 말을 하지 않으며 silent treatment 지내고 있었다. 갑자기Suddenly 남편은 다음 날 아내에게 아침 5시에 깨워 달라고 해야 아침 일찍 비행기를 타고 출장을 갈business flight 수 있다는 것을 깨달았다. 먼저 냉전을 깸으로써break the silence 지고 싶지 않아서 남편은 종이쪽지 위에on a piece of paper 이렇게 썼다. "아침 5시에 좀 깨워줘."

그리고는 그 종이를 아내가 볼 만한 곳에 놓아두었다. 다음 날 아침 남편이 일어나woke up 보니only to discover 아침 9시였다. 그는 비행기를 놓친missed his flight 것이었다. 화가 난Furious 남편은 왜 자기를 깨우지 않았는지 따지려고see why she hadn't woken him 아내와 대판 하려고confront 했는데 그 때 침대 옆에 있는 메모 한 장을 발견했다noticed. 그 쪽지에는 이렇게 써어 있었다. "아침 5시예요. 일어나세요Wake up."

Story 3.

Relatives of Yours?
누구네 친척이긴?!

There was a couple who had been married for three years and had been having arguments very often. One day, this couple drove down a country road for several miles, not saying a word. An earlier discussion had led to an argument and neither of them wanted to concede their position.

As they passed a barnyard of mules, goats, and pigs, the husband asked sarcastically, "Relatives of yours?"

"Yep," the wife replied, "In-laws."

- **drive down** 차를 몰고 가다
- **lead to an argument** 결국 말다툼을 하게 되다
- **concede** 양보하다, 허용하다
- **barnyard** 헛간 앞마당
- **mule** 노새
- **goat** 염소
- **sarcastically** 비꼬듯이, 빈정대며
- **relative** 친척
- **in-laws** 시댁이나 친정 부모[인척들]

- 그렇다는 말을 단호하게 할 때 Yes 대신에 Yep이라고 할 수 있다. "그럼" "그렇고말고" 정도의 의미. 반대로 아니라는 말을 단정적으로 할 때는 Nope이라고 하면 된다.

   A: Are you sure you can do it by yourself?
   정말 너 혼자 이거 다 할 수 있겠어?
   B: **Yep!** No problem.
   그럼! 문제없어.

   A: Are there any problem with your research?
   연구하는 데 뭐 문제 있는 거야?
   B: **Nope!** Everything's going smoothly.
   아니! 다 순조롭게 잘 되어 가고 있어.

- - 결혼으로 맺어진 친척관계를 영어로 표현하기는 쉽다. 사촌까지는 관계를 나타내는 단어가 따로 정해져 있지만 그 외에는 -in-law를 붙여서 말하면 되기 때문이다. 법률적으로 맺어진 관계, 즉 '결혼' 으로 맺어져 친척 된 사이라는 의미이다. 그래서 '장인어른' 도 **father-in-law**, '시아버지' 도 **father-in-law**이다. '장모' 나 '시어머니' 도 둘 다 **mother-in-law**를 쓴다. 부부가 싸웠을 때 싸잡아 미워지는 것이 배우자의 가족일 터. 가축들을 보고 "쟤네들 당신네 친척이지?"라고 남편이 비꼬니까 "물론이지"라고 대답하면서 질세라 바로 이어 붙인 것이 "**In-laws**"다. 그럼 결혼으로 친척 된 관계인 "시댁 식구들"을 의미하게 되니까. 참고로 '새엄마' 는 **stepmom**, 엄마나 아빠가 다른 '새언니' 는 **stepsister**이다

   A: I didn't know that Cindy's mother was her **stepmom**.
   난 신디네 엄마가 새엄마인지 몰랐어.
   B: Me, neither. People say that Cindy's **stepmom** is really nice and sweet to Cindy.
   나도. 사람들이 그러는데 신디네 새엄마가 신디한테 아주 잘 해 주신대.

- - - **construction**

   결혼한 지 3년 된 부부couple가 있었는데 이들은 매우 자주 싸우곤having arguments 했다. 하루는 이 부부가 시골길을 따라 차를 끌고drove down 꽤 먼 거리를for several miles 가게 되었다. 한 마디도 하지 않은 채로not saying a word. 좀 전에 논쟁하다가An earlier discussion 결국 말다툼을 하게 되고had led to an argument, 둘 중 누구도neither of them 자신의 입장을 양보하려고concede their position 하지 않았다.
   그러던 중 노새mules와 염소goats, 돼지들pigs이 있는 헛간 앞마당barnyard을 지나가게 되었는데, 남편이 빈정대며sarcastically 물었다. "당신 친척들Relatives이네?"
   "응." 아내가 대답했다. "시댁In-laws 식구들이지."

1st Week Day 1

1st WEEK DAY 2

Men act and women appear. Men look at women. Women watch themselves being looked at.

남자는 보고 여자는 보여진다. 남자가 여자를 바라보고, 여자는 남자의 눈에 비치는 자신을 바라본다.

- John Berger -

Totally Different
달라도 너무 달라

Women use 30,000 words a day compared to a man's use of 15,000 words.

남자는 하루에 15,000개의 단어를 쓰고, 여자는 30,000개의 단어를 쓴다.

Story 1.

Words
이러니 내가 말이 많아지지

A husband read an article to his wife that explained that women use 30,000 words a day compared to a man's use of 15,000 words.

"Do you think it's true that men use 15,000 words a day and women use double?"

The wife replied, "I think so. The reason has to be because we have to repeat everything to men."

The husband then turned to his wife and said, "What?"

- **article** (신문, 잡지의) 기사
- **compared to** ~와 비교해서
- **reply** 대답하다
- **repeat** 되풀이하다, 반복하다

● 누구에게 어떤 것을 읽어 준다고 할 때 「read + 무엇 + to + 누구」의 순서로 쓴다.

Dad: Sweetie, it's time to sleep. Close your eyes.
아가씨, 이제 잘 시간이에요. 눈을 감아요.

Kid: I'm not sleepy. Dad, please **read** this book **to** me.
졸리지 않아요. 아빠, 이 책 좀 읽어 주세요. 네?

●● 상대방이 한 말을 잘못 알아들었을 경우에 친한 사이에는 **What?** 하면 되고, 정중하고 공손하게는 **Pardon? / Pardon me? / I beg your pardon?** 이라고 말해도 되며 **I'm sorry?** 라고 끝을 올려서 물어도 좋다. **What was that? / What did you say?** 라는 표현이나 **Excuse me?** 도 가능하다.

Wife: Honey, please turn down the TV. It's too loud.
여보, TV 소리 좀 줄여 줘요. 너무 시끄럽잖아요.

Husband: **What?**
뭐라고?

Wife: I said, "Turn down the TV!"
"TV 소리 좀 줄여 달라고요!"

Husband: What did you say?
뭐라고 했어?

Wife: (Sighing and Turning off the TV) I said nothing.
(한숨 쉬며 TV를 끄면서) 아무 말도 안 했어요.

●●● construction

한 남편이 아내에게 기사를 읽어 주면서read an article 남자는 하루에 1만 5천 단어를 사용하는 반면compared to 여자는 하루에 3만 단어를 쓴다고 설명했다.
"남자들이 하루에 1만 5천 단어를 쓰고 여자들이 그 두 배의 단어를 쓴다use double 는 게 사실인 것 같아?"
아내가 대답했다. "그런 것 같아요. 왜냐하면The reason has to be 우리 여자들은 남자들에게 했던 말을 늘 되풀이해야repeat 하니까 말이죠."
그러자 남편이 아내를 돌아보며turned to 물었다. "뭐라고 했어What?"

1st Week Day 2

Story 2. Do You Want to Know Why?

그러니 당신 같은 남자랑 살지!

A man said to his wife one day, "I don't know how you can be so stupid and so beautiful all at the same time?"

The wife responded, "Allow me to explain: God made me beautiful so you would be attracted to me; God made me stupid so I would be attracted to you!"

- **at the same time** 동시에
- **respond** 대꾸하다, 대답하다
- **allow me to V.** ~하고자 합니다, ~하겠습니다
- **be attracted to** ~에게 매력을 느끼다, 끌리다

- **allow**라는 동사는 누구에게 어떤 것을 해도 좋다고 '허락하다, 하게 하다'라는 뜻을 가지고 있다. 이 이야기에서 여자는 남자를 제대로 이해하며 말하고 있다. 잘나거나 똑똑하지 않으면서도 동시에 아름다운 여자를 좋아하고 늘 여자보다 자신이 우위라는 생각을 가지고 있는 남자를 염두에 두고 **Allow me to explain**이라고 말한 것이다. 내가 설명하겠다고 할 때 **I'll explain / Let me explain / Can I explain? / Allow me to explain** 등으로 말할 수 있는데 **Allow me to explain**이라는 말이 상대방을 가장 우위에 둔 표현이다.

Mom: Who wants to throw away this food waste? Then I'll give 2,000 won for doing this.
누가 이 음식물 쓰레기 버리고 올래? 2,000원 줄게.

Boy: I'll do it!
제가 할래요!

Girl: No, it's my turn! Mom, please **allow me to do** it this time.
아니야. 이번엔 내 차례야! 엄마, 이번엔 제가 하게 해 주세요.

••• You know what? 정말? 정말!

Men speak in sentences and women speak in paragraphs.
남자들은 한 문장 단위로 말을 하고, 여자들은 단락 단위로 말한다.

••• construction

어느 날, 남편이 아내에게 말했다. "나는 도대체가 이해가 안 된단 말이야. 어떻게 당신은 그렇게 멍청하면서도how you can be so stupid 동시에all at the same time 그토록 아름다울 수so beautiful 있는 거지?"

아내가 대답했다responded. "제가 설명해 드리죠allow me to explain. 신이 나를 아름답게 만들어서made me beautiful 당신이 나에게 끌린be attracted 거고, 신이 나를 멍청하게 만들어서made me stupid 내가 당신에게 끌린 거 아니겠어요!"

Story 3. Top Seven Things Only Women Understand
오직 여자들만 아는 7가지

7. Cat's facial expressions
6. The need for the same style of shoes in different colors
5. The difference between beige, ecru, cream, ivory, and eggshell
4. Cutting your bangs to make them grow
3. Eyelash curlers
2. The inaccuracy of every bathroom scale ever made

AND, the Number One thing only women understand:

1. OTHER WOMEN

- **facial expression** 얼굴 표정
- **ecru** 옅은 갈색
- **cream** 크림색, 담황색
- **ivory** 상아색
- **eggshell** 달걀 껍질(색)
- **bangs** 단발의 앞머리
- **eyelash curler** 속눈썹 올리는 기구
- **inaccuracy** 부정확, 정밀하지 않음
- **scale** 저울, 체중계

- 남자나 여자의 외출 준비에 필요한 것들
  comb 납작한 빗   brush 볼륨감 있는 머리빗
  razor 면도기   electric razor, electric shaver 전기 면도기
  nail file 손톱 다듬는 줄   nail clipper 손톱깎이
  tweezers 쪽집게, 핀셋   hairclip 머리핀
  nail polish 매니큐어   nail polish remover 매니큐어 지우는 액체
  shower cap 세수할 때나 화장할 때 쓰는, 가장자리가 밴드 처리된 모자
  shoe polish 구두약

  여자용 화장품 중에서 소위 '볼터치' 라고 하는 것은 볼을 발그스레하게 해주는 것이라고 해서 **cheek blusher** 혹은 **blusher**라고 한다.

••• You know what? 정말? 정말!

Women have a built-in calendar gene—they remember birthdays, anniversaries and appointments effortlessly.

여자들은 날짜를 기억하는 유전자를 가지고 태어났다. 그래서 생일, 기념일, 약속 등을 어렵지 않게 잘 기억한다.

••• construction

7. 고양이의 (다양한) 얼굴 표정 facial expressions
6. 같은 모양의 구두 same style of shoes를 색깔별로 in different colors 사야 하는 필요성
5. 베이지 beige와 옅은 갈색 ecru, 크림색 cream, 아이보리 ivory, 달걀 껍질 eggshell 색깔의 구별
4. 더 길게 기르기 make them grow 위해 앞머리 bangs를 자르는 것
3. 속눈썹 올리는 기구 Eyelash curlers
2. 목욕탕 저울 bathroom scale이 제각각 다 부정확 inaccuracy하다는 것

그리고 여자들만 아는 것 1위는

1. 다른 여자

1st Week Day 2   27

1st WEEK DAY 3

Men and women would be even more unhappy if
they really understood one another.

남자와 여자는 서로를 이해하게 되면 훨씬 더 불행해질 것이다.

- Mason Cooley -

Men's Favorite, Women's Favorite

남자가 바라는 것, 여자가 바라는 것

Call her, surprise her, compliment her, smile at her, listen to her, laugh with her, cry with her.

그녀에게 전화를 걸어 주고, 이벤트를 열어 주고, 칭찬해 주고, 미소 지어 주고, 얘기를 들어 주고, 같이 웃어 주고, 함께 울어 줘라.

Story 1.   A Woman's Revenge
아내가 남편에게 할 수 있는 최고의 복수

"Cash, check or credit card?"
I asked, after folding items the woman wished to purchase. As she fumbled for her wallet, I noticed a remote control for a television set in her purse.

"So, do you always carry your TV remote?" I asked.

"No," she replied, "but my husband refused to come shopping with me, and I figured this was the most evil thing I could do to him legally."

- **fold** 접다, 싸다
- **purchase** 구입하다, 사다
- **fumble** 손으로 더듬다, 더듬어 찾다
- **remote control** 리모컨
- **purse** 핸드백, 조그만 손가방
- **figure** ~라고 생각하다, 판단하다
- **evil thing** 나쁜 짓, 못된 짓
- **legally** 합법적으로

● 통으로 기억하자! 현금으로 계산한다고 할 때는 **pay in cash**, 수표로 계산한다고 할 때는 **pay by[with a] check**라고 한다. 또 신용카드 **credit card**는 그냥 **card**, 혹은 **plastic**이라고 한다. 물론, 명함도 **business card / name card**라고 하는 대신 **card**라고도 하니까 상황에 맞게 골라 쓰도록 하자.

> A: Will you **pay in cash** or with a credit card?
> 현금으로 계산하시겠어요? 아니면 신용카드로?
> B: In cash.
> 현금이요?

●● 전치사 하나로 남편을 '위한' 일이라는 뜻으로도, 혹은 남편 '에게' 어떤 짓을 하는 것으로도 바뀔 수 있다. **the most evil thing I could do to him** 내가 남편에게 할 수 있는 최고로 못된 짓, **the best thing I could do for him** 내가 남편을 위해서 해줄 수 있는 최고의 것. **to him**과 **for him**의 의미는 이렇게 다르다.

> A: I'm trying to think of the most evil thing that I can do **to him**.
> 내가 그 인간한테 할 수 있는 가장 악랄한 일이 뭘까 생각해내는 중이야.
> B: Come on. Why don't you try to do something touching **for him** instead?
> 그러지 말고. 대신 그 사람을 위해서 뭔가 감동적인 걸 해주는 건 어떨까?

●●● **construction**

"현금Cash으로 하시겠어요? 수표check나 신용카드credit card로 하시겠어요?"
나는 여자분이 구입하려고purchase 하는 물건들을 포장하고folding items 나서 물었다. 그녀가 지갑wallet을 찾고 있을 때fumbled 나는 그 여자분의 핸드백purse 속에 있는 TV 리모컨remote control을 보게 되었다noticed.
"저기, 늘 TV 리모컨remote을 가지고 다니시나요carry?"라고 내가 물었다.
"아니요." 그녀가 대답했다. "함께 쇼핑 가자니까come shopping 남편이 싫다잖아요 refused. 그래서 생각해보니figured 이게 내가 법적으로legally 그 사람한테 할 수 있는 가장 악랄한 짓evil thing 같더라고요."

Story 2. Five Important Tips for Women
괜찮은 남자를 고르는 5가지 조건

1. It is important that a man helps you around the house and has a job.
2. It is important that a man makes you laugh.
3. It is important to find a man you can count on and doesn't lie to you.
4. It is important that a man loves you and spoils you.
5. It is important that these four men don't know each other.

- **count on** 의지하다, 기대다
- **lie** 거짓말하다
- **spoil** 응석받다, 너무 귀여워하여 버릇없게 만들다

● **spoil**의 목적어로 사람을 쓰면 상대방이 원하거나 바라는 것은 무엇이든 다 들어주고 상대방을 특별 취급함으로써 그 사람의 성격을 버릇없게 만들거나 우쭐거리게 만드는 것을 말한다. 따라서 부모가 오냐오냐해서 키워 '아이가 버릇없다'고 할 때 **spoiled child**라고 한다. '버릇이 없어서 다루기 힘든 아이'라는 뜻으로 **unmanageable child**라는 표현도 쓴다.

Spare the rod and **spoil the child**.
회초리를 아끼면 아이를 망친다. (아이를 사랑할수록 무조건적인 사랑은 금물이라는 의미이다.)

그리고 어떤 뉴스를 듣고 나니 입맛이 싹 사라진다고 할 때 The news has just spoiled my appetite라고 할 수 있다. 범인이 누굴까 알아맞추는 재미가 쏠쏠한 스릴러물을 보러 가려는데 먼저 보고 온 사람이 "범인이 누군지 알아? 말해줄까?"하면서 영화의 중요한 내용이나 결말을 미리 흘림으로써 다른 사람의 영화 보는 재미를 망쳐버리는 것을 spoiler라고 한다.

punish는 어떤 종류든 '벌을 주다'라는 의미이고, '회초리를 때리다'는 whip, 회초리를 맞으면 be whipped, 엉덩이를 찰싹 때려 주는 것은 spank, '외출을 금지시키다'는 ground라는 말을 쓴다.

A: Why has your mother **grounded** you?
   엄마가 왜 외출 금지를 내리신거야?
B: I had it coming.
   내가 벌 받을 짓 했지 뭐.

● ● ● **construction**

1. 집안에서 여자를 도와주면서도helps you around the house 직업이 있는has a job 남자이어야 한다.
2. 여자를 재미있게 해주는makes you laugh 남자이어야 한다.
3. 기댈count on 수 있고 거짓말을 하지lie 않는 남자이어야 한다.
4. 여자를 사랑하면서도loves you 여자의 응석을 받아jspoils 주는 남자이어야 한다.
5. 이 네 명의 남자들은 서로 모르는 사이jdon't know each other여야 한다.

Story 3. How to Impress a Woman, How to Impress a Man
여자를 감동시키는 방법, 남자를 감동시키는 방법

How to Impress a Woman

Dine her, call her, hug her. Support her, hold her, surprise her, compliment her. Smile at her, listen to her, laugh with her. Cry with her, romance her, encourage her, believe in her. Pray with her, pray for her, cuddle with her, shop with her. Give her jewelry, buy her flowers, hold her hand, write love letters to her. Go to the end of the Earth and back again for her.

How to Impress a Man

Show up in a sexy dress, bring chicken wings and don't block the TV.

- **impress** 감동시키다
- **dine** 맛있는 저녁을 사다
- **hug** 안다, 껴안다
- **support** 격려하다, 지지하다
- **compliment** 칭찬하다
- **romance** 낭만적으로 대하다
- **encourage** 격려하다, 기운 나게 하다
- **cuddle** 꼭 껴안다
- **block** 가로막다

● '오다' 라는 말은 come 외에 show up, appear도 많이 쓴다. come은 '오다,' show up은 '나타나다,' appear는 '등장하다,' 이런 식으로 외우면 평생 써먹을 수 없다. 다음 예문을 읽으며 의미를 이해하고 기억했다가 써보자.

(At a class reunion)
A: Hey, why are you so upset?
   야, 너 왜 이렇게 화가 나 있어?
B: Jinny and I were supposed to meet here today, but she doesn't **show up**!
   지니랑 오늘 여기서 만나기로 했거든. 근데 얘가 오지를 않네!
A: Oh, don't even expect her to **come**. She's never **appeared** in a class reunion. I guess it's because she looks totally different because of plastic surgery.
   어휴, 걔 오는 거 기대도 하지 마. 동창회에 한 번도 안 나왔어. 내 생각엔 성형수술 때문에 얼굴이 너무 달라져서 그런 것 같아.

● ● ● construction

여자를 감동시키는 방법

맛있는 저녁을 사주고Dine, 전화를 걸어 주고, 안아 줘라hug. 그녀의 편이 되어 주고 Support, 그녀를 붙잡아 주고hold, 그녀를 놀라게 해주며surprise 칭찬해 줘라compliment. 그녀에게 미소를 지어 주고, 그녀 이야기를 잘 들어 주고, 그녀와 함께 웃어 줘라laugh. 그녀와 함께 울어 주고, 그녀를 낭만적으로 만들어 주고romance, 그녀의 기를 살려 주며 encourage 그녀의 말을 믿어라. 그녀와 함께 기도해 주고, 그녀를 위해서 기도해 주고, 그녀를 꼭 안아 주며cuddle 함께 쇼핑을 가 주어라. 그녀에게 보석jewelry을 선물하고, 꽃을 사주고, 손을 잡아 주고, 연애편지를 써 줘라. 그녀를 위해서 지구 끝까지 갔다가 다시 되돌아 와라back again.

남자를 감동시키는 방법

야시시한 원피스sexy dress를 입고 닭날개chicken wings를 사다 주고 TV를 가리지block 마라.

1st WEEK DAY 4

Women encourage men to be childish,
then scold them.

여자는 남자를 어린애가 되게 해놓고서는 야단친다.

- Mason Cooley -

A Man's Rules

남자들의 항변

Come to us with a problem only if you want help solving it.
That's what we do.

내가 당신의 문제를 해결해 주기를 바랄 때만 얘기해.
남자들이 하는 일은 그런 거야.

Part 1.   Ask for What You Want!

당신이 원하는 걸 그냥 말해!

1. Learn to work the toilet seat. You're a big girl. If it's up, put it down. We need it up you need it down. You don't hear us complaining because you left it down.
1. Sometimes we are not thinking about you. Live with it.
1. Shopping is NOT a sport. And no, we are never going to think of it that way.
1. Ask for what you want. Let us be clear on this one: Subtle hints do not work! Strong hints do not work! Obvious hints do not work! Just say it!
1. We don't remember dates. Mark birthdays and anniversaries on a calendar. Remind us frequently beforehand.

- **work** 조작하다, 취급하다, 사용하다
- **toilet seat** 좌변기 커버
- **complain** 불평하다
- **subtle** 미묘한, 애매모호한
- **obvious** 분명한, 대번에 알 수 있는
- **mark** 적어두다, 표시해두다
- **frequently** 자주
- **beforehand** 사전에, 미리

- up이라는 부사는 '위로' 라는 의미와 동사의 의미를 뒤에서 강조하는 역할로 쓰인다.
  We need it up 우리는 변기를 위로 올려놓고 써야 한다. **go up** 올라가다, **jump up** 뛰어오르다.

  A: Wait! Is this elevator **going up**?
     잠깐만요! 이 엘리베이터 올라가는 건가요?
  B: No, it's going down.
     아니요. 내려가는데요.

  Listen up! 잘 들어! **Open up!** 문 열란 말이야! **Eat up!** 빨리 먹어!

  Open up, otherwise I'll break this door!
  문 열란 말이야. 안 그러면 이 문 부숴버린다!

• • • You know what? 정말? 정말!
Men cannot watch sports and talk to their wives at the same time.
남자들은 스포츠 중계를 보면서 동시에 아내와 얘기를 할 수 없다.

• • • construction

1. 화장실 변기 커버toilet seat 사용하는 것 좀 알아둬. 당신 다 큰 어른big girl이잖아. 위로 제껴져 있으면 내리라구put it down. 우리 남자들은 올려야 하고need it up, 당신네 여자들은 내려야 하잖아need it down. 여자들이 변기 커버 내려 놨다고left it down 우리가 언제 불평하디complaining?
1. 가끔은 당신 생각을 안 하기도 해. 평생 하는 거니까Live with it.
1. 쇼핑은 스포츠가 아니야. 그리고 우리 남자들은 절대 쇼핑을 그런 식으로that way 생각할 think of 수 없어.
1. 원하는 게what you want 있으면 말을 해. 이건 좀 확실히 해 두자고Let us be clear. 교묘한 암시Subtle hints는 아무런 도움이 안돼! 강한 암시Strong hints도 안되구! 노골적인 암시Obvious hints도 안돼! 그냥 말을 하란 말이야!
1. 우리 남자들은 날짜dates를 기억 못해. 생일이나 기념일anniversaries은 달력calendar에 표시를 해줘Mark. 까먹지 않게 미리beforehand 나에게 자주frequently 말해 줘.

That's What We Do
남자가 할 수 있는 일이 따로 있어

1. Come to us with a problem only if you want help solving it. That's what we do. Sympathy is what your girlfriends are for.
1. Anything we said 6 months ago is inadmissible in an argument. In fact, all comments become null and void after 7 days.
1. If something we said can be interpreted in two ways, and one of the ways makes you sad or angry, we meant the other one.
1. Let us ogle. We are going to look anyway; it's genetic.
1. You can either ask us to do something or tell us how you want it done. Not both! If you already know best how to do it, just do it yourself.

- **sympathy** 동정, 공감
- **inadmissible** 받아들일[인정할] 수 없는
- **comment** 말
- **null and void** 무효인, 아무 쓸모없는
- **interpret** 해석하다
- **ogle** 곁눈질하다, 바라보다
- **genetic** 유전적인

《화성에서 온 남자, 금성에서 온 여자(Men are from Mars, Women are from Venus)》에서 남자와 여자의 차이점을 단적으로 짚어 '남자는 미스터 해결사, 여자는 미스 수리공'이라고 한 말이 떠오른다. "저런 면만 조금 고치면 완벽한데 말이지. 자기야 ~ 내 생각엔…" 여자는 자신이 좋아하는 남자를 늘 더 낫게 고치려고 하고 남자는 그런 '수리'라면 질색을 한다. 한편, 남자는 여자가 푸념을 늘어 놓으면 뭔가 해결책을 제시해서 그녀에게 도움이 되려고 한다. 그러나 정작 여자가 원하는 것은 남자의 이해와 공감이다.

A: My manager is driving me crazy! I hate him. He always says the same thing repeatedly. Even though I've got nothing to do, he doesn't let me leave.
우리 부장님 때문에 돌아 버리겠어! 마음에 안 들어. 늘 했던 말 또 하고 또 하고 그런단 말이야. 할 일이 없는데도 집에 가란 말을 안 해.

B: Then just quit the job.
그럼, 그만 둬.

A: I'm not saying I want to quit. I'm just complaining.
누가 그만두겠대? 그냥 하소연하는 거잖아.

• • • construction

1. 내가 해결해 주었으면 하는 문제에 대해서만only if you want help solving it 나에게 이야기해줘. 그게 내가 할 일이니까That's what we do. 얘기 들어 주고 이해해 주고 마음을 헤아려주는 건Sympathy 당신 친구들이 할 일이야.

1. 싸울 때in an argument 6개월 전에 했던 말은 들먹거리지 마inadmissible. 사실 남자에게는 무슨 말이든 7일만 지나면 다 잊어버리고 없던null and void 얘기가 된다구.

1. 내가 내뱉은 말something we said이 두 가지로in two ways 해석되는데interpreted 당신이 그 말 때문에one of the ways 화나고 속상하다면 내가 말하려던 것은 나머지 다른 의미the other one였다는 것을 알아줘.

1. 다른 여자 힐끔거리지도ogle 내버려 둬. 어떻게 해서라도 볼 테니까. 유전학적인genetic 거라구.

1. 어떤 일을 할 때 나에게 해 달라고ask us to do 하든지 아니면 당신이 어떻게 할how you want it done 생각인지 나에게 알려 줘. 둘 다는 안돼Not both! 당신이 이미 가장 좋은 방법best how to do it을 알고 있다면 그냥 당신이 하라구do it yourself.

Part 3. We Are Not Mind Readers
남자는 독심술사가 아니야

1. We are not mind readers and we never will be. Our lack of mind-reading ability is not proof of how little we care about you.
1. If we ask what is wrong and you say "nothing," we will act like nothing's wrong. We know you are lying, but it is just not worth the hassle.
1. When we have to go somewhere, absolutely anything you wear is fine. Really!
1. Don't tell us to get in shape. ROUND is a shape.
1. If it itches, it will be scratched. We do that. It's genetic.

- **mind reader** 독심술사
- **lack** 부족함, 결여
- **proof** 증거
- **care about** ~에 관심을 가지다
- **hassle** 말다툼, 싸움
- **get in shape** 몸매를 다듬다, 체력을 단련하다, 체중 조절하다
- **itch** 가렵다, 근질근질하다
- **scratch** 긁다, 비비다

mind reader는 상대방의 마음을 읽는 사람 즉 '독심술을 가진 사람,' **palm reader**는 손금을 보고 그 사람의 운세나 사주를 알아맞추는 사람 즉 '손금쟁이'를 가리킨다. **get in shape**는 몸매 관리를 하는 것, **keep in shape, stay in shape**는 좋은 몸매를 계속 유지하는 것, **out of shape**는 몸매가 망가진 것, 즉 뚱뚱하거나 배 나온 것을 가리킨다. 소위 '똥배'라고 하는 것은 **pot belly**(배의 둥그런 모양이 단지 같으니까), '술 먹어서 나온 배'는 **beer belly**, 부부 사이에서는 귀엽게 **love handle**이라고도 한다.

I'm not a **mind reader**. Just tell me what you want from me.
내가 당신 생각하는 걸 어떻게 알겠어. 나한테 원하는 걸 말을 하라고.

I decided to go on a diet and exercise regularly. Can you see this **pot belly**?
식사 조절 좀 하고 운동도 규칙적으로 하기로 했어. 이 똥배 보이지?

● ● ● **You know what?** 정말? 정말!

Men have a gene which enables them to answer any question, no matter how complex or important.
남자든은 아무리 복잡하고 중요한 질문에 대해서 대답할 수 있는 유전자를 타고났다.

● ● ● **construction**

1. 나는 독심술사|mind readers가 아니야. 될 수도 없고|never will be. 당신의 마음을 읽지 못한다고 해서|lack of mind-reading ability 내가 당신에게 관심이|care about 적은 것은 아니야.
1. 당신에게 무슨 고민 있냐|what is wrong고 물었을 때 당신이 "아무것도 아니야|nothing"라고 하면 나는 아무 일 없는 것처럼 행동할|act 거야. 당신이 거짓말을 하고 있다는|you are lying 건 알지만 그걸로 말다툼|hassle 할 필요는 없으니까.
1. 우리가 함께 어딘가를 가야 할 때 정말이지|absolutely 난 당신이 뭘 입어도|anything you wear 괜찮아 보여. 진짜야!
1. 살 빼라는|get in shape 말 좀 하지 말아줘. 퉁퉁한 것|round도 몸매는 몸매|shape잖아.
1. 가려운|itches 데가 있으면 긁어야지|scratched. 남자들은 그래. 그것도 유전|genetic이야.

1st WEEK DAY 5

"Mother" is the first word that occurs to politicians
and columnists when they raise the question, "Why
isn't life turning out the way we want it?"

"엄마"는 정치가와 칼럼니스트들이 "왜 삶은 우리 뜻대로 되지 않는가"라는
질문을 제기할 때 가장 먼저 튀어나오는 말이다.

- Mary Kay Blakely -

Wanted: Super Woman

수퍼우먼 구인 광고

We're looking for a woman for lifelong, challenging permanent work, 24 hour shifts on call.

무지하게 힘든 일을 평생동안 24시간 내내 할 수 있는 여성분을 찾습니다.

Part 1. For Challenging Permanent Work
해도 해도 끝이 없는 고된 일에 지원할 사람 구함

JOB TITLE: Mother, Mom, Mama, Mommy

JOB DESCRIPTION:
Lifelong, team players needed, for challenging permanent work. Candidates must possess excellent communication and organizational skills and be willing to work variable hours, which will include evenings and weekends and frequent 24 hour shifts on call.

RESPONSIBILITIES:
Applicant must be willing to be hated, at least temporarily. Applicant must be willing to bite tongue repeatedly as well as possess the physical stamina of a pack mule. Additional responsibilities include: Handling assembly and product safety testing of a half million cheap, plastic toys, and battery operated devices. Applicant should always hope for the best but be prepared for the worst. In addition, responsibilities will also include floor maintenance and janitorial work throughout the facility.

- **challenging** 힘든
- **candidate** 후보자, 지원자
- **on call** 언제든지, 대기하고 있는
- **pack mule** 짐을 나르는 노새
- **variable** 변덕스러운, 수시로 변하는
- **permanent** 끝없는
- **shift** 교대
- **temporarily** 일시적으로, 잠간
- **assembly** 조립
- **janitorial** 잡역부의

● challenge가 '도전하다' 라는 뜻인 만큼 challenging은 도전을 요할 만큼 노력이 많이 들어가거나 결정하기가 힘든 경우에 쓰이는 단어로 '힘든, 어려운, 고된' 등의 뜻이다.

A: How was your first day at work?
첫 출근 어땠어?

B: Well, pretty good. What I'm doing is a bit **challenging** but quite exciting.
뭐, 괜찮았어. 내가 하는 일이 좀 힘들긴 한데 그래도 꽤 재미있더라.

보통 신체적인 장애가 있는 사람을 the disabled라고 하는데 요즘은 신체적인 장애 때문에 어떤 일을 할 때 남보다 더 힘이 들고 어려움을 겪는 사람들이라는 뜻으로 **the challenged**라는 표현을 쓰기도 한다.

A: What is this elevator for?
이 엘리베이터는 무슨 용도야?

B: It's for **the challenged**.
장애자용이야.

●●● construction

직함: 어머니, 엄마

업무 내용:
힘들면서도challenging 끝임없는permanent 일을 평생 팀워크를 이루어 해야 한다. 이 자리에 지원하고자 하는 사람Candidates은 의사소통이 아주 잘 되어야possess excellent communication 하고, 조직을 다루는 능력organizational skills도 있어야 하며, 수시로 변하는 근무 시간variable hours을 거뜬히 소화할 수 있어야 한다. 근무 시간으로는 밤, 주말, 그리고 아무 때나 필요할 때마다on call 24시간 근무24 hour shifts를 서야 할 때가 자주 있다.

책임 소지:
지원자Applicant는 미움 받는 것be hated도 기꺼이 감수해야 한다. 적어도at least 잠시 동안만이라도 temporarily, 지원자는 짐 나르는 노새pack mule처럼 육체적인 힘physical stamina을 소유하고 있어야 하며, 수도 없이 혀도 깨물bite tongue 자세가 되어 있어야 한다. 이 외에 책임을 져야 하는 부분은 다음과 같다: 50만 개a half million 정도 되는 싸구려 플라스틱 장난감과 건전지로 돌아가는 기구들battery operated devices을 손으로 조립하고Handling assembly 제품의 안전도를 테스트할product safety testing 수 있는 능력. 지원자는 항상 최고가 되고 싶어hope for the best 해야 하지만 최악의 경우the worst에도 대비하고 있어야 한다. 그 외에도In addition 바닥 청소floor maintenance와 시설의 유지 보수 작업janitorial work에 대한 책임도 포함된다.

 *Part 2.*

None Required
아무 경력도 필요 없음

POSSIBILITY FOR ADVANCEMENT & PROMOTION:
Virtually none. Your job will require remaining in the same position for years, without complaint, constantly retraining and updating your skills, so that those in your charge can and will ultimately surpass you.

PREVIOUS EXPERIENCE:
None required. Nothing you have ever done could possibly prepare you for this job anyway. Fortunately, exhaustive on-the-job training is available on a continual basis.

- **virtually** 사실상, 실질적으로는
- **retraining** 재교육, 재훈련
- **charge** 책임, 보호
- **ultimately** 마침내, 결국
- **surpass** 능가하다, 넘어서다
- **exhaustive** 소모적인
- **on-the-job** 실제로 일을 해보는

● '사실상, 엄밀히 말하면, 실질적으로는' 이라고 할 때 **virtually**를 쓸 수 있다.

A: I don't really get it. Why did he take this job?
   잘 이해가 안 된단 말이야. 그 사람은 왜 이 일을 하기로 한 거야?

B: Actually, he didn't want to take the job. He was **virtually** driven to this because he couldn't make a living in any legal way.
   사실 그 사람이 이 일을 하고 싶어 했던 건 아니야. 사실 엄밀히 말하면 할 수 밖에 없었던 거지. 왜냐하면 다른 합법적인 방법으로는 밥벌이를 할 수가 없었거든.

●●● construction

승진 가능성:
사실상Virtually 전혀 없다none. 업무 몇 년차가 되든 직위는 그대로겠지만in the same position 이에 대해 불평해서는 안 되며without complaint 끊임없이 자신을 재교육하고retraining 기술을 향상시켜야updating 한다. 결국에는ultimately 당신이 키운 사람들이those in your charge 당신을 능가하게surpass 된다.

필요한 경력:
아무것도 필요 없다None required. 당신이 전에 어떤 일을 했든you have ever done 이 업무에는 아무런 도움이 되지 않을 것이다. 다행히Fortunately 계속해서 실제로 힘들게 일을 하면서exhaustive on-the-job training 업무를 꾸준히 익혀 나갈on a continual basis 수 있다.

1st Week Day 5

Part 3. If You Play Your Cards Right
당신이 카드를 잘만 쓴다면

WAGES AND COMPENSATION:
You pay them and offer frequent raises and bonuses. A balloon payment is due when they turn 18 based on the likelihood that college will help them become financially independent. Upon your death, they get whatever is left of your possessions. The oddest thing about this reverse-salary scheme is that you will actually enjoy it and wish you could give them more.

BENEFITS:
While there is no health or dental insurance, no pension, no tuition reimbursement, no paid holidays or stock options offered; this job supplies limitless opportunities for personal growth and free hugs for life if you play your cards right.

- **wage** 급여, 보수
- **compensation** 수당
- **balloon payment** 일괄 지급, 한꺼번에 지급하는 것
- **due** 지불 기일이 된, 만기가 된
- **likelihood** 있음직함, 가망, 가능성
- **possession** 재산, 소유물
- **scheme** 구도, 체계
- **reimbursement** 상환, 배상

- 임금, 급여, 월급, 수입, 연봉, 보너스 등 우리말에도 일을 하고 받는 보수에 대한 단어가 많다. 영어도 마찬가지. 먼저 **payment**는 여러 가지 경우에 쓰인다. 일한 대가를 뜻하기도 하고, 대금 결제나 지불의 의미로 쓰임새가 넓다. **salary**는 '봉급'의 뜻. **monthly salary**라고 하면 '월급', **yearly[annual] salary[income]**는 '연봉'. **wage**는 우리말로 하면 '임금'의 뜻으로 임금 격차 **wage gap**이라는 말이 많이 쓰인다. **income**은 포괄적인 수입, 벌어들이는 돈의 총액을 말할 때 쓴다. **annual income** 연수입, **income tax** 소득세, **gross income** 총수입, **net income** 실수입.

- - **likelihood**는 '있음직함, 가능성'이라는 뜻으로 **probability**와 비슷하다.

    A: What do you think? We really need him.
    어떻게 생각해? 우린 정말 그 사람이 필요하잖아.
    B: I know, but there's no **likelihood** of his joining.
    그러게 말이야. 하지만 그가 합류할 가능성은 없어.

    in all likelihood는 '아마, 십중팔구는'이라는 뜻이다.

• • • construction

급여와 수당:
당신이 그들에게 돈을 주는데 자주 올려줘야 하고offer frequent raises 보너스도 줘야 한다, 그들이 18살이 되어when they turn 18 대학에서 학자금 대출이나 장학금 등을 받아 경제적으로 독립하는financially independent 경우based on the likelihood 이제 더 이상 지급을 하지 않아도balloon payment is due 된다. 당신이 죽으면Upon your death 당신이 남긴 것은 무엇이든whatever is left of your possessions 그들이 다 가져간다. 당신이 월급을 받는 것이 아니라 주는 이런 거꾸로 된 급여 체계this reverse-salary scheme에서 가장 이상한 것oddest thing은 당신이 되려 그들에게 주는 것을 즐거워하며 가능하면 그들에게 더 주고 싶어 한다는 점이다.

혜택:
건강보험이나 치과보험health or dental insurance도 없고, 연금pension도 없으며, 지급한 학비를 되돌려 받을 수도tuition reimbursement 없고, 유급휴가paid holidays나 스톡옵션stock options도 제공되지 않지만 이 일은 당신이 퀸 카드를 잘만 쓰면play your cards right 개인적으로 무한히 성장할 수 있는 기회limitless opportunities for personal growth를 얻고 인생을 자유롭게 끌어안을free hugs for life 수 있다.

2nd Week

당신의 직업이 당신이 누구인지 말해준다

2nd WEEK DAY 1

Choose a job you love, and you will never have to work a day in your life.

당신이 좋아하는 직업을 가져라. 그러면 평생 단 하루도 일하지 않아도 된다.

- 공자 -

Your Occupation

당신의 직업이 당신이 누구인지 말해준다

You made a promise which you've no idea how to keep, and you expect people beneath you to solve your problems.

당신은 지키지도 못할 약속을 하고 아랫사람이 다 해결해줄 거라고 믿는군요.

Story 1. I Don't Know Where I Am

길 잃은 남자

A man in a hot air balloon realized he was lost. He reduced altitude and spotted a woman below. He descended a bit more and shouted, "Excuse me, can you help me? I promised a friend I would meet him an hour ago, but I don't know where I am."

The woman below replied, "You're in a hot air balloon hovering approximately 30 feet above the ground. You're between 40 and 41 degrees north latitude and between 59 and 60 degrees west longitude."

"You must be an engineer," said the balloonist.

"I am," replied the woman.

"Well, everything you told me is, technically correct, but I've no idea what to make of your information, and the fact is I'm still lost. Actually, you've not been much help at all."

The woman below responded, "You must be in Management."

"I am." said the balloonist. "How did you know?"

"Well, you don't know where you are or where you're going. You have risen to where you are due to a large quantity of hot air. You made a promise, which you've no idea how to keep, and you expect people beneath you to solve your problems."

약속? promise? appointment? 우리말로는 "약속 있니?" "오늘 약속이 있어서…"라는 식으로 '약속' 이라는 명사를 넣어서 말을 하니까 '약속' 이라는 뜻의 영어 단어를 떠올리면 이 두 단어가 생각날 것이다. 단정적으로 말하자면 의사나 변호사와, 아니면 업무상의 약속이 있을 때는 appointment를 쓰고, promise는 '어떻게 하겠다' 는 다짐의 뉘앙스가 포함된 약속을 뜻하는 말이다. 하지만 우리말로 '약속이 있다' '오늘 무슨 약속 있냐?' 라고 말할 때는 What are you doing this afternoon? / Do you have plans for tomorrow? / What are your plans for the weekend? 등으로 묻고 I'm visiting my aunt / I've got no plans 등으로 대답한다. 즉, 업무상의 일 말고는 '약속' 이라는 명사를 써서 말하지 않는다는 것!

(In the hospital)
A: I want to see Dr. Charles. 찰스 박사님을 만나려고 합니다.
B: Did you make an **appointment**? 약속[예약] 하셨나요?
A: No, I didn't. I'm his friend. I have to see him. Please let me in.
아니요. 안 했어요. 저는 친구예요. 만나야 합니다. 들여 보내 주세요.

••• construction

한 남자가 열기구hot air balloon를 타고 가다가 길을 잃었다. 그는 고도를 낮추었고reduced altitude 저 아래에 있는 한 여자를 발견했다spotted. 그는 좀 더 밑으로 내려가서descended a bit more 소리쳤다shouted. "실례합니다만 저 좀 도와주실래요? 제가 한 시간 전에 친구랑 만나기로 약속을 했는데요. 지금 제가 어디 있는지 모르겠네요."

밑에 있는 의사the woman below가 대답했다. "댁은 땅에서above the ground 대략approximately 30피트 위 상공에 떠 있는hovering 열기구 안에 계십니다. 북위north latitude 40에서 41도 사이, 서경west longitude 59도에서 60도 사이죠."

"댁은 엔지니어이신가 보군요." 열기구에 탄 남자balloonist가 말했다.

"네." 여자가 대답했다.

"당신 말everything you told me이 기술적으로는technically 정확합니다만 당신이 준 정보your information를 어떻게 이용해야 할지what to make of 도통 모르겠네요. 아직도 제가 어디 있는지 모르겠어요. 사실상Actually 당신은 저에게 전혀 도움이 되지 않네요."

밑에 있는 여자가 대꾸했다. "댁은 경영자인가 보군요."

"그렇습니다." 남자가 말했다. "어떻게 아셨죠?"

"댁은 자신이 지금 어디에 있는지where you are도 모르고 어디로 가고 있는지where you're going도 모르고 있잖아요. 엄청난a large quantity of 열기hot air로 지금 그곳까지 올라가긴 했죠. 어떻게 지켜야 할지how to keep도 모르면서 약속을 해놓고는 당신 밑에 있는 사람들people beneath you이 당신의 문제를 해결해 줄 거라 생각하시죠."

Story 2. How to Hunt Elephants
코끼리를 잡는 5가지 방법

MATHEMATICIANS hunt elephants by going to Africa, throwing out everything that is not an elephant, and catching one of whatever is left.

ECONOMISTS don't hunt elephants, but they believe that if elephants are paid enough, they will hunt themselves.

STATISTICIANS hunt the first animal they see N times and call it an elephant.

CONSULTANTS don't hunt elephants, and many have never hunted anything at all, but they can be hired by the hour to advise those people who do.

POLITICIANS don't hunt elephants, but they will share the elephants you catch with the people who voted for them.

- **mathematician** 수학자
- **throw out** 버리다, 내던지다
- **economist** 경제학자
- **statistician** 통계학자
- **consultant** 상담전문가
- **politician** 정치인
- **vote for** ~에게 (찬성) 투표를 하다

● 우리말은 주어와 동사 사이에 많은 단어가 들어가지만 영어는 다르다. 주어와 동사 사이에는 부사나 조동사가 들어가는 정도고 대개는 동사 뒤에 줄줄이 따라붙는다. 예를 들어, 우리말로 하면 '수학자는 아프리카에 가서 코끼리가 아닌 것을 다 내보내고 난 다음 뭐가 됐든 남아 있는 것을 잡는다' 라고 해서 제일 앞에 있는 주어 '수학자'와 문장 끝에 있는 동사 '잡는다' 사이에 많은 내용이 들어가지만 영어로는 **Mathematicians hunt elephants** '수학자는 코끼리를 잡는다' 라고 먼저 주어, 동사, 목적어를 쓰고 어떻게 잡느냐면 **by - ing, -ing, and -ing** 이런 식으로 말을 한다. 어순이 우리말과는 너무나 다른 영어가 이상한 순서로 자리잡지 않게 하려면 영작 연습을 할 때 우리말 문장을 보고 직역하는 식보다는 영어의 단어나 구를 섞어 놓고 어법에 맞게 배열하는 연습을 하는 것이 더 효과적이다.

●●● **You know what?** 정말? 정말!

Elephants and humans are the only animals that can stand on their heads.
물구나무는 코끼리와 인간만이 설 수 있다.

An elephant can smell water nearly 5km away.
코끼리는 5킬로미터 떨어진 곳에 있는 물 냄새를 맡을 수 있다.

●●● **construction**

수학자 MATHEMATICIANS는 코끼리를 잡을 때 아프리카에 가서 going to Africa 코끼리가 아닌 것을 다 내보내고 throwing out 난 다음 뭐가 됐든 남아 있는 whatever is left 것을 잡는다.

경제학자 ECONOMISTS는 코끼리를 잡지 않는다. 코끼리들에게 충분한 보수를 주면 paid enough 그들 스스로 잡힐 hunt themselves 것이라고 믿는다.

통계학자 STATISTICIANS는 처음 N번 보게 되는 동물을 잡아서 거기에 코끼리라는 이름을 붙인다.

상담전문가 CONSULTANTS는 코끼리를 잡지 않는다. 이들 대부분은 어떤 것도 잡아본 적이 없다. 하지만 그들은 사냥하는 사람에게 시간당으로 by the hour 돈을 받고 조언을 해준다.

정치인 POLITICIANS은 코끼리를 잡지 않는다. 대신 당신이 잡은 코끼리 the elephants you catch를 자신에게 표를 던진 voted for 사람들과 나눠가진다 share.

2nd Week Day 1

Story 3. The Jobless And the Frog
구직자와 개구리

A man who is looking for a job was crossing a road one day when a frog called out to him and said, "If you kiss me, I'll turn into a beautiful princess."

He bent over, picked up the frog and put it in his pocket. The frog spoke up again and said, "If you kiss me and turn me back into a beautiful Princess, I will stay with you for one week."

The man took the frog out of his pocket, smiled at it and returned it to the pocket. The frog then cried out, "If you kiss me and turn me back into a Princess, I'll stay with you and do ANYTHING you want."

Again the man took the frog out, smiled at it and put it back into his pocket. Finally the frog asked, "What is it? I've told you I'm a beautiful Princess, that I'll stay with you for a week and do ANYTHING you want. Why won't you kiss me?"

The man said, "Look, I have to find a job. I don't have time for girlfriends, but a talking frog is really cool."

- **call out to sb.** 누구를 소리쳐 부르다
- **turn into** 변하다, 바뀌다
- **bend over** 몸을 ~위로 굽히다, 몸을 앞으로 숙이다

"이봐요," "이보슈," "야"와 같이 상대방의 주의를 끌 때는 Look! / Listen! 혹은 You know what? 등으로 말한 다음에 할 말을 한다. 상대방이 평소와 다르게 너무나 멋져 보이거나 하면 Look at you!라고 말한다. 우리말로 하면 "어머, 이게 누구야?" "오늘 웬일이래?" 정도에 해당하는 말. 내가 할 말을 어이없이 다른 사람이 하면 Look who's talking!이라고 한다. "사돈 남 말 하시네!" "누가 할 소리!"라는 뜻.

A: Lisa, can't you be punctual? You're always late!
　　리자, 너 시간 좀 지킬 수 없니? 맨날 늦잖아!
B: **Look who's talking!**
　　사돈 남 말 하시네! (자기도 맨날 늦으면서 누구에게 난리야?)

Look at you! You look like a teenager! What's the occasion?
이런, 웬일이야! 꼭 십대 같다 애! 무슨 일 있어?

●●● construction

일자리를 찾고 있는looking for a job 남자가 어느 날 길을 건너려는데crossing a road 개구리frog 한 마리가 그를 소리쳐 부르며called out to him 말했다. "저에게 키스를 해주시면 저는 아름다운 공주로 되돌아갈 거예요turn into."
그는 몸을 구부려bent over 개구리를 집어서picked up the frog 주머니에 넣었다put it in his pocket. 개구리가 다시 소리 높여spoke up 말했다. "당신이 저에게 키스를 해주셔서 제가 다시 아름다운 공주로 되돌아가게 되면 당신과 일주일 동안for one week 함께 있어 드릴게요."
남자는 주머니에서 개구리를 꺼내 미소를 지어보이고는smiled at it 다시 주머니에 넣었다returned it to the pocket. 그러자 개구리가 다시 울부짖었다cried out. "당신이 제게 키스를 해주셔서 제가 다시 공주가 되면 당신과 함께 있을 거구요. 당신이 원하는 건 뭐든지 다 해드릴게요."
남자는 다시 개구리를 꺼내어 미소를 짓더니 주머니에 넣었다. 마침내 개구리가 물었다. "뭐 하시는 거예요What is it? 제가 아름다운 공주인데 당신과 일주일간 함께 있어 드리고 당신이 원하는 건 뭐든지 다 해드린다고 했잖아요. 그런데 왜 저한테 키스를 안 해주시는 거죠?"
남자가 말했다. "이봐요Look, 나는 구직자예요. 여자 친구 사귈 시간이 없다구요. 하지만 말하는 개구리talking frog가 있으니까 좋네요."

2nd WEEK DAY 2

There are more fools in the world than there are people.

세상에는 사람들보다 바보가 더 많다.

- Heinrich Heine -

Real Meaning
진정한 속뜻은…

"Any questions?" means "I'm ready to let you go."
"질문 있나?"라는 말은 "이제 집에 가지"라는 뜻.

Story 1.

The Lost Pilot
길 잃은 조종사

It was late one night during bad weather. As heard over the tower radio:

Helicopter Pilot: Roger, I'm holding at 3000 over such-and-such beacon.

Second voice: NO! You can't be doing that! I'm holding at 3000 over that beacon!

(brief pause)

First voice again: You idiot, you're my co-pilot.

- **Roger** 알았다. (received의 r을 통신부호로 Roger라고 부른 것에서, received and understood)
- **such-and-such** 이러저러한
- **beacon** (항공, 교통상의) 표지
- **co-pilot** 부조종사

● **co-**라는 접두사는 '함께, 같이' 라는 뜻을 가진다. **co-worker**는 함께 일하는 '직장 동료,' **coeducation**은 남학생과 여학생이 함께 공부하는 '남녀공학,' **cooperation**은 '협력, 협동' 의 뜻.

A: Honey, I'm home.
   여보, 나 왔어.
B: You're a little late today. Did you eat dinner?
   오늘 좀 늦었네요. 저녁 먹었어요?
A: Yes. With my **co-workers**.
   응. 회사 사람들하고 먹었어.

●●● **You know what?** 정말? 정말!

Bill Cosby said, "I am not afraid of crashing, my secret is... just before we hit the ground, I jump as high as I can."

빌 코스비가 그랬다. "나는 (비행하다가) 추락하는 것이 두렵지 않다. 그 비결은 뭐냐 하면 땅에 떨어지기 바로 직전에 내가 할 수 있는 한 아주 높이 펄쩍 뛰어오르면 되니까."

●●● **construction**

어느 늦은 밤late one night 악천후bad weather 속에서 관제탑tower radio으로부터 들려오는 소리:

헬리콥터 조종사:	알겠다Roger, 나는 지금 이러저러한such-and-such 표지beacon 위 3000 부근에서 대기 중이다.
두 번째 목소리:	안돼! 그러면 안돼! 내가 지금 그 지점 3000에서 대기 중이란 말이야!
(잠시 침묵이 흐른 후)	
다시 첫 번째 목소리:	이 바보야You idiot, 너는 내 부조종사co-pilot잖아.

Story 2. The Professor's Wish
교수의 소원

A grad student, a post-doc, and a professor are walking through a city park and they find an antique oil lamp. They rub it and a Genie comes out in a puff of smoke. The Genie says, "I usually only grant three wishes, so I'll give each of you just one."

"Me first! Me first!" says the grad student. "I want to be in the Bahamas, driving a speedboat with a gorgeous woman who sunbathes topless."

Poof! He's gone.

"Me next! Me next!" says the post-doc. "I want to be in Hawaii, relaxing on the beach with a professional hula dancer on one side and a mai tai on the other."

Poof! He's gone.

"You're next," the Genie says to the professor.

The professor says, "I want those guys back in the lab after lunch."

- **grad student** 대학원생
- **antique** 오래된, 고풍스러운
- **puff** (바람, 숨, 연기 등이) 한 번 훅 부는 것
- **gorgeous** 매력적인
- **topless** 윗옷을 입지 않은, 가슴을 드러낸
- **mai tai** 마이타이주(럼, 큐라소, 과즙 등의 칵테일)
- **post-doc** 박사 학위를 취득한 연구원
- **rub** 문지르다, 비비다
- **grant** (소원, 부탁 등을) 들어주다
- **sunbathe** 일광욕을 하다
- **poof** 휙, 팟

● "나도 그래!" "너도?" "너도 그러길 바래" 등을 간단히 말할 때 **Likewise**를 기억해두면 유용하다.

A: I'm tired.
　피곤하다.
B: Me, too. [So am I. / **Likewise.**]
　나도 그래.

A: Nice meeting you!
　만나서 반가웠어!
B: You, too! (Nice meeting you, too에서 You, too!) [**Likewise!**]
　널 만나서 나도 반가웠어!

A: Have a nice weekend!
　주말 잘 보내
B: You, too. [**Likewise.**]
　너도.

●●● **construction**

　　대학원생grad student과 박사후 연구원post-doc, 교수professor가 도심의 공원을 거닐다가walking through 고대의antique 램프를 발견한다. 그들이 램프를 문지르자rub it 지니가 연기 속에서 풍하고in a puff of smoke 나타난다comes out. 지니가 말한다. "저는 보통 세 가지 소원three wishes을 들어줍니다grant. 그러니 당신들 소원을 각각 한 가지씩 들어 주겠소."
　　"저 먼저요! 저부터 들어주세요!"라고 대학원생이 말한다. "저는 바하마에 가고 싶습니다. 가슴을 드러내고topless 일광욕을 하는sunbathes 멋진gorgeous 여자와 함께 스피드 보트를 타고 싶어요."
　　뿅! 대학원생이 사라진다.
　　"다음엔 저요! 저요!" 박사후 연구원이 말한다. "저는 하와이에 가고 싶어요. 한 쪽에는 훌라춤을 추는 전문 무희를 두고, 또 한 쪽엔 칵테일Mai Tai을 두고 바닷가에서 쉬고 싶어요."
　　뿅! 그도 사라진다.
　　"다음은 당신 차례요." 지니가 교수에게 말한다.
　　그러자 교수가 대답한다. "나는 저 두 명이 점심식사 후에 실험실로 돌아왔으면 좋겠소."

Story 3. What the Professor Really Means
교수가 하는 말의 속뜻

"The answer to your question is beyond the scope of this class" means "I don't know."

"You'll have to see me during my office hours for a thorough answer to your question" means "I don't know."

"We can continue this discussion outside of class" means "I'm tired of this—let's quit."

"Today we'll let a member of the class lead the discussion. It will be a good educational experience" means "I stayed out too late last night and didn't have time to prepare a lecture."

"Any questions?" means "I'm ready to let you go."

"The implications of this study are clear" means "I don't know what it means either, but there'll be a question about it on the test."

"It's been very rewarding to teach this class" means "I hope they find someone else to teach it next year."

- **scope** 범위, 영역
- **stay out too late** 늦게까지 밖에서 놀다
- **implication** 함축, 내포, 암시
- **rewarding** 보람이 있는, 할 만한 가치가 있는

'무슨 뜻이다, 어떤 것을 의미하다, 어떠한 뜻이다'라고 할 때는 **mean**을 써서 다양하게 말할 수 있다. 간혹 What's it mean?이라고 말하는 오류를 볼 수 있는데 What does it mean?을 빨리 발음하면 What does 부분이 What's처럼 들리기도 하지만 축약되어서 들리는 이 소리는 What does가 빨리 발음되는 것이므로 What is의 축약형을 사용한 What's it mean?은 틀린 문장이고 What does it mean?이라고 해야 맞다.

What do you **mean**? / What does it **mean**?
무슨 소리야? / 무슨 뜻이니?

What do you **mean** by "I'll pass"?
빠지겠다니 무슨 소리야?

imply 역시 '어떤 의미를 갖다, 의미를 함축하다, 내포하다'라는 뜻으로 일상적인 활용도가 높은 말이다.

Does this silence **imply** consent?
이 침묵은 동의한다는 말인가요?

What does this e-mail **imply**?
이 이메일에 어떤 의미가 담겨 있는 거야? / 이 이메일 무슨 뜻이지?

construction

"학생의 질문은 이 수업에서 다루는 내용을 벗어난beyond the scope 것이라는 것이 내 답변이네"라는 말은 "나도 모르겠네"라는 뜻이다.

"학생의 질문에 대한 자세한thorough 대답을 듣고 싶으면 내 근무 시간office hours 중에 찾아오도록 하게"라는 말은 "나도 모르겠네"라는 뜻이다.

"수업 끝나고outside of class 이 문제에 대해서 계속 논의해보세continue this discussion"라는 말은 "이제 지겹군tired of, 그만하지"라는 뜻이다.

"오늘은 학생들 중 한 명a member of the class이 토론을 이끌어 나가기로lead the discussion 하지. 교육적으로 아주 좋은 경험a good educational experience이 될 거야"라는 말은 "어젯밤 늦게까지 놀고 마셔서stayed out 강의 준비할 시간이 없었네"라는 뜻이다.

"질문 없나?"라는 말은 "이제 가도 좋아"라는 뜻이다.

"이 연구에서 의미하는 바implications는 명백하네"라는 말은 "나도 이게 무슨 뜻인지 모르겠네. 하지만 이것에 관한 문제를 시험에 낼 거야"라는 뜻이다.

"이 수업을 가르치게 되어서 아주 보람 있었네rewarding"라는 말은 "내년에는 다른 사람이 이 수업을 맡아줬으면 좋겠군"이라는 뜻이다.

2nd WEEK DAY 3

Humor is not a mood but a way of looking at the world. So if it is correct to say that humor was stamped out in Nazi Germany, that does not mean that people were not in good spirits, or anything of that sort, but something much deeper and more important.

유머는 분위기가 아니라 세계관이다. 나치 독일에서는 유머가 말살되었다고 한다면 그것은 사람들의 기분이 좋지 않았다는 식이 아니라 훨씬 더 심오하고 중요한 어떤 것을 의미한다.

- Ludwig Wittgenstein -

Wise Interpretation
해석하기 나름

I'm sorry, sir, if you want to kill me, you'll have to stand in line for that.

죄송합니다만, 손님, 저를 죽이고 싶으시면 줄을 서서 기다리시죠.

Story 1. 7 Ways to Know If You Have "Estrogen Issues"

당신의 여성 호르몬에 문제가 있는지 알 수 있는 7가지 방법

1. Everyone around you has an attitude problem.
2. You're adding chocolate chips on your cheese omelet.
3. Your husband is suddenly agreeing to everything you say.
4. You're using your cellular phone to dial up every bumper sticker that says: "How's my driving—call 080..."
5. Everyone's head looks like an invitation to batting practice.
6. Everyone seems to have just landed here from "outer space."
7. You're sure that everyone is scheming to drive you crazy.

- **estrogen** 여성 호르몬
- **attitude** 태도, 행동
- **bumper sticker** 자동차에 범퍼에 붙인 광고 스티커
- **invitation** 유인, 유혹
- **batting practice** 타격 연습
- **outer space** 외계
- **scheme** 음모를 꾸미다
- **drive sb. crazy** ~를 돌아버리게 하다, 미치게 하다

● 초콜릿은 여러 가지 좋은 효능(good effects)을 가지고 있다고 한다. 초콜릿의 카페인 때문에 우울할 때(when we feel down and depressed) 먹으면 기분이 좋아지고, 데오브로민이라는 성분이 사고력을 좋게 하며 이뇨 작용을 돕는다고 한다. 초콜릿에 들어 있는 당분이 피로를 풀어 주고(helps us relaxed) 신경을 부드럽게 해 주며 무엇보다도 초콜릿을 먹으면 소위 행복을 느끼게 해주는 호르몬(hormones of happiness)인 세로토닌(serotonin)의 양이 몸속에서 증가하여 기분이 좋아지고 행복한 느낌이 들게 된다는 것이다. 단, 너무 많이 먹으면 중독이 될 수 있고(we can be addicted to chocolates), 살도 찌겠지만.

A: Hey, you look depressed today. What happened?
  얘, 너 오늘 아주 기분이 저조해 보인다. 무슨 일 있었어?
B: It's a long story. I just need some **chocolates** to feel better.
  말하자면 길어. 초콜릿을 좀 먹으면 기분이 나아질 것 같아.

●●● **You know what?** 정말? 정말!

If you have some of these symptoms, you may have estrogen issues. Irregular periods, joint or muscle pain, blurred vision or flashes of light, insomnia or inability to concentrate.
다음과 같은 증상 중에 몇 가지를 가지고 있다면 호르몬에 문제가 있을 수 있다.
생리 주기가 불규칙해지거나 뼈마디, 관절에 통증이 있을 때 시력이 흐릿해지거나 불빛이 번지는 경우, 불면증이나 집중력이 떨어질 때.

●●● **construction**

1. 당신 주변 사람들everyone around you의 태도attitude에 모두 문제가 있다고 생각한다.
2. 치즈 오믈렛cheese omelet 위에 초콜릿 칩chocolate chips 을 얹어adding 먹는다.
3. 갑자기 남편이 당신이 하는 모든 말everything you say에 동의한다.
4. "제 운전driving이 어떤지 말씀해 주세요. 번호는 080 ~ "이라고 쓰여 있는 앞 차 범퍼 스티커bumper sticker를 볼 때마다 휴대폰cellular phone을 들어 전화를 건다dial up.
5. 사람들 머리통을 보면 야구 타격 연습을 해야 할 것invitation to batting practice 같다.
6. 모든 사람들이 "외계outer space"에서 이제 막 도착한just landed here 사람들 같아 보인다.
7. 당신을 미치게drive you crazy 하려고 모든 사람들이 음모를 꾸미고scheming 있다는 확신이 든다.

Story 2. May I Have Some Breast?
제가 가슴살을 먹어도 되겠습니까?

Winston Churchill was visiting another country. The first evening there, at the state dinner, he pointed to the chicken entree and said, "May I have some breast?"

The hostess raised her eyebrows and curtly responded, "Mr. Churchill, in this country we ask for white meat or dark meat."

"My apologies, Madam, I was not aware of your custom."

The following day, a thank you gift was delivered to the party's hostess with a large orchid. The following was written on the note:

"I would be obliged if you would pin this on your white meat."

- **state dinner** 국빈 만찬
- **chicken entree** 닭고기 요리
- **breast** 가슴살, 가슴
- **curtly** 퉁명스럽게, 간결하게
- **apology** 사과, 해명
- **orchid** 난초
- **be obliged** 감사하다, 고마워하다

● 우리 몸의 부분을 가리키는 단어 중에서 몇 가지를 기억해 두자. '가슴'은 **breast**, '엉덩이'는 **butt**, '허벅지'는 **thigh**, 의자에 앉았을 때 다리의 윗부분, 즉, '무릎 윗부분'은 **lap**이라고 한다. 그래서 노트북은 다리에 올려 놓고 쓴다고 해서 **laptop computer**라고 하는 것. '무릎'은 **knee**, '정강이'는 **shin**, 무릎 아래의 다리에서 뒷부분, '종아리'는 **calf**라고 하고 '발목'은 **ankle**이라고 한다.

It's not good to put your **laptop computer** on the desk like that! It can cause wrist injuries. Put the computer on your **lap**.
노트북 컴퓨터를 그렇게 책상 위에 올려놓고 쓰는 것은 좋지 않아! 손목 부상이 생길 수 있거든. 다리에 올려 놓고 써라.

● ● ● **You know what?** 정말? 정말!

Winston Churchill said, "I like pigs. Because dogs look up to us and cats look down on us, but pigs treat us as equals."
윈스턴 처칠이 이렇게 말했답니다. "나는 돼지들이 좋다. 개는 우리를 우러러보고, 고양이는 우리를 깔보지만, 돼지는 우리를 능능하게 대하니까." 라고.

● ● ● **construction**

윈스턴 처칠이 다른 나라another country를 방문 중이었다. 첫 날 저녁, 국빈만찬 때at the state dinner 그가 닭고기 요리chicken entree를 가리키며pointed to 말했다. "가슴살some breast을 좀 먹어도 될까요?"

부인hostess은 눈썹을 치켜뜨며raised her eyebrows 퉁명스럽게curtly 말했다. "처칠 경, 이 나라에서는 흰 고기white meat 아니면 검은 고기dark meat를 달라고 한답니다."

"이런, 죄송하게 되었습니다My apologies, 부인. 제가 이 나라의 관습customs을 모르고 있었네요."

다음 날following day, 감사의 선물thank you gift이 커다란 난orchid과 함께 그 파티의 주빈 부인에게 배달되었다. 쪽지에는on the note 이렇게The following 쓰여 있었다.

"이것을 당신의 흰 고기white meat 위에 달아 주시면 감사하겠습니다obliged."

2nd Week Day 3

Story 3.

Stand in Line
기다렸다 하시죠

One day a crowded flight was canceled. Only one agent was rebooking a long line of inconvenienced travelers. Suddenly an angry passenger pushed his way to the desk. He slapped his ticket down on the counter and said, "I HAVE to be on this flight and it has to be FIRST CLASS."

The agent replied, "I'm sorry sir. I'll be happy to try to help you, but I've got to help these passengers first, please stand in line, sir."

The passenger was upset and asked loudly, "Do you have any idea who I am?"

Without hesitating, the gate agent smiled and grabbed her public address microphone.

"May I have your attention please? We have a passenger here at the gate WHO DOES NOT KNOW WHO HE IS. If anyone can help him find his identity, please come to the gate."

With the people behind him in line laughing hysterically, the man glared at the agent, gritted his teeth and swore.

"(Expletive) you."

Without flinching, she smiled and said, "I'm sorry, sir, but you'll have to stand in line for that, too."

- **grit the teeth** 이를 (바득바득) 갈다
- **flinch** 주저하다, 주춤하다, 움찔하다, 기가 꺾이다
- **expletive** 제길할, 젠장

- convenient와 comfortable의 의미와 쓰임은 우리말로도 다른데 영어로 쓸 때 혼돈을 느끼는 경우가 많다. convenient는 '편리하다' 는 뜻이고 comfortable은 느낌이 '편안하다' 는 뜻이다. '편의점' 은 24시간 영업을 하니까 이용하기가 편리하다. 그래서 convenience store. 이 이야기에서와 같이 타야 할 비행기를 못 타고 다른 비행기를 타야 하니까 불편해졌다? inconvenient. 의자를 새로 샀는데 푹신한 것이 참 편안하다? comfortable. 나랑 다른 직원 중에서 한 사람이 회사를 그만둬야 하는 상황이다. 마음이 편치가 않다? uncomfortable을 쓰면 된다.

It's **inconvenient** to get a refund at this store.
이 가게는 환불 받기가 불편해.
I'm feeling really **comfortable** in this arm chair.
이 안락의자 참 편안하네.

••• construction

어느 날, 만석인crowded 비행기 한 대의 운행이 취소되었다canceled. 단 한 명의 직원agent이 (비행기 취소로) 불편을 겪게 되어inconvenienced 긴 줄에 늘어서 있는 여행객들travelers의 비행기 예약을 다시 처리하고rebooking 있었다. 갑자기 화가 난 승객 한 명이 사람들을 밀치고pushed his way 카운터 앞으로 갔다. 그는 자기 티켓을 카운터에 탁 내려놓더니slapped his ticket down 말했다. "난 이 비행기에 꼭 타야겠소. 그것도 1등석에 말이오."

직원이 대답했다. "죄송합니다, 손님. 손님을 도와드리고 싶지만 이 승객분들을 먼저 도와드려야 합니다. 줄을 서세요stand in line."

그 승객은 화가 나서는upset 큰 소리로 물었다. "당신, 내가 누군지 알아?"

그 직원은 주저 없이Without hesitating 미소를 짓더니 장내 마이크public address microphone를 집어 들었다grabbed.

"승객 여러분, 여기 게이트 앞에 본인이 누구인지 모르는 승객이 한 분 계십니다. 이 분이 누구인지 알고 계신find his identity 분은 게이트 앞으로 와주시기 바랍니다."

이 승객의 뒤로 줄 서 있던 사람들이 미친 듯이hysterically 웃어대자 남자는 직원을 노려보며glared at 이를 바득바득 갈면서gritted his teeth 말했다.

"당신 죽여 버릴 거야(Expletive) you."

직원은 전혀 기죽지 않고Without flinching 미소를 지으며 말했다. "죄송합니다만 손님, 그것도 줄을 서야 하는데요stand in line for that."

2nd WEEK DAY 4

Death is the sound of distant thunder at a picnic.

죽음은 소풍 갔다가 듣게 되는 멀리서 들려오는 천둥 소리이다.

- W. H. Auden -

A Dead Duck

죽은 오리

If you'd taken my word for it, the bill would have been $20.

제 말을 믿으셨더라면 20달러였을 겁니다.

Part 1.

A Woman's Pet
여자의 애완 오리

A woman brought a very limp duck into a veterinary surgeon. As she lay her pet on the table, the vet pulled out his stethoscope and listened to the bird's chest. After a moment or two, the vet shook his head sadly and said, "I'm so sorry, your pet has passed away."

The distressed owner wailed, "Are you sure?"

"Yes, I'm sure. The duck is dead," he replied.

"How can you be so sure," she protested. "I mean, you haven't done any testing on him or anything. He might just be in a coma or something."

- **limp** 축 늘어진
- **veterinary surgeon** 수의사(=vet)
- **stethoscope** 청진기
- **distressed** 괴로운, 슬퍼하는, 침통한
- **wail** 울부짖다, 소리내어 울다, 통곡하다
- **protest** 항의하다, 따지다, 이의를 제기하다
- **coma** 혼수상태

● 영어로 '정말 이렇게 말해? 쉽네!'하는 게 종종 있다. "제 애완 거위에게 아무 검사도 안 하시고 뭐 또 다른 것도 아무것도 안 하셨잖아요"라고 할 때 '아무것도'는 anything, "혼수상태나 뭐 그런 거에 빠져 있는 것일 수도 있잖아요"에서 '뭐 그런거'는 something이라고 했다. 부정문에서는 anything, 긍정문에서는 something을 쓴 것.

● ● ● **You know what?** 정말? 정말!

Approximately 200 pets are buried in a pet cemetery out of the thousands of pets that die each day.

매일 수천 마리의 애완동물이 죽는데 이 중에서 애완동물묘지에 묻히는 것은 약 200마리 정도이다.

● ● ● **construction**

한 여자가 축 늘어진limp 오리duck 한 마리를 수의사veterinary surgeon에게 데려왔다. 여자가 테이블 위에 오리를 올려놓자 수의사는 청진기stethoscope를 꺼내서pulled out 오리의 가슴chest에 대고 귀를 기울였다. 잠시 후 수의사는 슬프게 고개를 절레절레 흔들며 shook his head sadly 말했다. "죄송합니다만, 댁의 오리your pet는 죽었습니다passed away."

슬픔에 빠진distressed 오리 주인이 울부짖었다wailed. "정말이에요?"

"네, 그렇습니다. 오리는 죽었습니다."

"어떻게 그렇게 장담할 수가 있어요?" 여자가 따졌다protested. "제 말은요. 의사 선생님은 저 오리한테 어떤 검사testing도 안 해보셨고 아무것anything도 안 하셨잖아요. 그냥 지금 혼수상태coma에 빠졌거나 뭐 그런 것something일 수도 있잖아요."

 **Part 2.**

Testing or Something
검사좀 해보세요

The vet rolled his eyes, turned around and left the room. He returned a few moments later with a black Labrador Retriever. As the duck's owner looked on in amazement, the dog stood on his hind legs, put his front paws on the examination table and sniffed the duck; from top to bottom. He then looked at the vet with sad eyes and shook his head. The vet patted the dog and took it out and returned a few moments later with a beautiful cat. The cat jumped up on the table and also sniffed the bird from its beak to its tail and back again. The cat sat back on its haunches, shook its head, meowed softly, jumped down and strolled out of the room.

- **in amazement** 놀라서, 어이가 없어서
- **hind leg** 뒷다리
- **paw** 발, 앞발
- **sniff** 킁킁거리며 냄새를 맡다
- **from top to bottom** 머리부터 발끝까지
- **pat** 토닥거리다
- **beak** (새의) 부리
- **sit on one's haunch** 웅크리고 앉다
- **meow** 야옹 소리를 내다
- **stroll** 어슬렁거리다, 이리저리 거닐다

- 고양이가 '야옹' 하는 것은 **mew / meow**. 개가 '멍멍' 짖는 것은 **bark / bowwow**. 말이 '히힝' 대는 것은 **neigh**, 개나 사자가 사납게 으르렁거리는 것은 **growl / snarl at. sb**. 와 같이 말한다.

(In the park)
A: My dog is usually quiet, but he **snarls at** strangers.
   우리 개는 보통은 얌전한데, 모르는 사람만 보면 으르렁대.
B: My dog is vice versa. He **snarls at** us in the house but he's really quiet out on the street.
   우리 개는 반대야. 집에서는 우리한테 으르렁거리고 밖에 나가면 조용해.

••• construction

수의사는 눈을 이리저리 굴리더니rolled his eyes 뒤돌아서turned around 나갔다. 의사는 잠시 후에 검정색 래브라도 리트리버Labrador Retriever를 데리고 돌아왔다. 오리의 주인이 놀라서in amazement 쳐다보는 가운데 그 개는 뒷다리hind legs로 서서 두 앞발front paws을 검사대examination table에 올려놓고는 머리끝에서 발끝까지from top to bottom 오리의 냄새를 맡았다sniffed the duck. 그리고는 슬픈 눈으로with sad eyes 수의사를 바라보며 고개를 저었다shook his head. 수의사는 개를 토닥거리더니patted 내보낸took it out 다음, 잠시 후에 아름다운 고양이를 데리고 다시 왔다. 고양이는 검사대로 뛰어오르더니jumped up 역시 그 오리를 부리beak에서 꼬리tail까지 다시 냄새를 맡았다sniffed. 고양이는 뒤로 물러나 웅크리고 앉더니sat back on its haunches 고개를 젓고shook its head 나지막이 야옹 소리를 내고는meowed softly 뛰어 내려가jumped down 어슬렁거리며strolled 방에서 나갔다.

2nd Week Day 4

Part 3. The Cost of the Lab Report and the Cat Scan
개와 고양이 검사비

The vet looked at the woman and said, "I'm sorry, but as I said, this is most definitely, 100 percent surely, a dead duck."

The vet then turned to his computer terminal, hit a few keys and produced a bill, which he handed to the woman. The duck's owner, still in shock, took the bill.

"$150!" she cried. "$150 just to tell me my duck is dead?!!"

The vet shrugged.

"I'm sorry. If you'd taken my word for it, the bill would have been $20. But what with the Lab Report and the Cat Scan, it all adds up."

- **definitely** 확실히
- **shrug** 어깨를 으쓱하다
- **add up** 올라가다, (가격이) 높아지다

- **hand**는 동사로 '어떤 것을 건네주다' 라는 뜻이다. **hand in**은 '제출하다', **hand out**은 '나누어주다'. 그래서 선생님이 나누어 주는 프린트물이 **hand-out**이라고 한다. 강의할 때 가끔 학생들이 "선생님, 어제 찌라시 좀…"이라고 하는데 찌라시라니… **hand-out**을 달라고 하시길…

(In the classroom)
A: Have you **handed in** your report?
  너, 리포트 제출했니?
B: What are you talking about? It's due next Monday.
  무슨 소리야? 다음 주 월요일까지잖아.
A: No, it was due yesterday! Didn't you check the **handout** I gave you last week?
  아니야, 어제까지였어! 지난주에 내가 너한테 준 프린트 안 봤어?

● ● ● **You know what?** 정말? 정말!

Unless you have a doctor's note, it is illegal to buy ice cream after 6 p.m. in Newark, New Jersey, America.
미국 뉴저지의 뉴왁에서는 저녁 6시가 넘으면 의사의 처방전 없이 아이스크림을 사는 것이 불법입니다.

● ● ● construction

수의사는 여자를 바라보며 말했다. "죄송합니다만 제가 말씀드렸다시피 거의 확실하게 most definitely 100퍼센트 확실히surely 죽은 오리입니다."

그러더니 수의사는 컴퓨터로 돌아가서 자판을 몇 개 두드리더니hit a few keys 청구서를 프린트해와서produced a bill 여자에게 내밀었다handed to the woman. 아직도 충격이 가시지 않은still in shock 오리 주인은 청구서를 받아들었다took the bill.

"150달러요!" 여자가 소리쳤다. "고작 내 오리가 죽었다고 말해주는 데 150달러라고요?"

수의사는 어깨를 으쓱했다shrugged.

"죄송합니다. (처음에) 제 말을 믿으셨더라면taken my word 청구서는 20달러였을 겁니다. 하지만 개 검사 소견Lab Report과 고양이 검사료Cat Scan를 포함해서 비용이 올라간 거죠adds up."

2nd WEEK DAY 5

Life is short, the art long, opportunity fleeting, experiment treacherous, judgment difficult.

인생은 짧고, 예술은 길며, 기회는 순식간이고, 실험은 믿을 수 없으며, 판단은 어렵다.

- Hippocrates -

Philosophy of Life—Too Painful to Be True

인생의 원리 – 너무나 고통스러운 진실

Falling in love is awfully simple. Falling out of love is simply awful.

사랑에 빠지는 것은 너무나 쉽고 헤어지는 것은 너무나 괴롭다.

Part 1.   Never Take Life Seriously

인생을 심각하게 살지 말라

- Smile, it's the second best thing you can do with your lips.
- Never take life seriously. Nobody gets out alive anyway.
- If vegetable oil is made of vegetables, what is baby oil made of?
- No guts, no glory, no brain, same story.
- If everything is going well, you don't know what the hell is going on.

- **seriously** 심각하게
- **guts** 노력, 끈기, 배짱
- **glory** 영광

• 가장 뭐뭐하다는 것은 최상급으로 표현한다는 것을 다 아시겠지만 둘째로 가장 뭐뭐한, 장남은 아니고 위에서 두 번째인 아들, 이런 것을 표현할 때 자신이 없을 수 있다. 가장 뭐뭐한 것은 **the** 최상급, 둘째로 가장 뭐뭐한 것은 **the second** 최상급, 세 번째로 가장 뭐뭐한 것은 **the third** 최상급, 이렇게 쓰면 된다.

> A: So, you're **the oldest** son among 7 sons in your family?
> 그러니까 당신이 일곱 형제 중에서 맏이라고요?
>
> B: No, I'm **the second oldest** one.
> 아니요. 제가 위에서 두 번째입니다.

> I have five elder sisters. I like **the second oldest** sister very much.
> 나한테는 언니가 다섯 명 있다. 위에서 두 번째 언니가 제일 좋다.

•• **guts**는 원래 '창자, 내장'을 가리키는 말인데 '용기, 배짱, 끈기, 지구력' 등의 의미로도 쓰인다. **spill one's guts**라고 하면 속에 있는 것을 '다 털어놓다, 속을 다 들어내보이다'라는 뜻. **gut feeling / gut instinct**도 '직감적인 느낌[본능], 육감'이라는 뜻으로 쓰인다는 것도 기억해 두자.

••• construction

- 웃어라Smile. 그건 우리가 입술로 할 수 있는 두 번째로 좋은 일second best thing이다.
- 인생을 심각하게seriously 받아들이지 마라. 어찌되든 누구도 살아서alive 나가지gets out 못한다.
- 식물성 기름vegetable oil이 식물vegetables로 만들어진 거라면 베이비오일baby oil은 무엇으로 만들어진 것이겠는가?
- 노력하지 않으면No guts 아무런 영광도 없다no glory. 머리가 나빠도no brain 마찬가지다same story.
- 모든 일이 잘 돌아가고going well 있을 때는 도대체the hell 뭐가 어떻게 되고 있는 건지 당신은 모르고 있는 거다.

Part 2. There Are Two Kinds of People
세상에는 두 종류의 사람이 있다

- It is better to be looked over than overlooked.
- There are two kinds of people—those who can count and those who can't.
- It is not what a teenager knows that bothers his parents, it is how he found out.
- My homework is like a juicy steak—rarely done.
- There are two kinds of pedestrians—the quick and the dead.

- **look over** 조사하다, 훑어보다
- **overlook** 무시하다, 못 본 체하다
- **rarely done** 굽지 않은 상태의 스테이크 같은
- **pedestrian** 보행자

- **look over**는 훑어보는 것이고 **overlook**은 보고도 못 본 체 하는 것, 무시하는 것이다. 누구나 그럴 것이다. **It is better** 더 낫다. **to be looked over** 누군가가 나를 훑어보는 것이 즉, 누가 나를 바라보는 것이. 뭣보다? **than overlooked** 무시당하고 못 본 체 당하는 것보다, 누가 나를 보고도 못 본 체하는 것보다.

- **bother**는 다른 사람을 귀찮게 하고, 성가시게 하고, 신경 쓰이게 한다는 뜻. 비슷한 말로 **interfere**는 다른 사람이 하는 일에 끼어들어 방해를 하거나 간섭하는 것이고, **bug**라는 동사는 성가시고 짜증나게 한다는 뜻.

(In a room)
A: Is there anything I can do for you?
    내가 뭐 해줄 일 없어?
B: No.
    없어.
A: Do you want me to get you something to drink?
    뭐 마실 것 좀 갖다 줄까?
B: No, I don't want anything! Stop **bugging** me! Please get out of my room. I'm working on a very important job!
    됐어. 아무것도 필요 없어! 귀찮게 좀 하지 마! 내 방에서 좀 나가주라. 지금 아주 중요한 일을 하고 있단 말이야.
A: You mean... online chatting?
    인터넷 채팅 말이야?

●●● construction
- 누가 우리를 무시하는overlooked 것보다 조사하고 다니는looked over 편이 낫다.
- 세상에는 두 종류의 사람이 있다. 숫자를 셀count 줄 아는 사람과 못 세는 사람.
- 부모들을 성가시게 하는bothers 것은 십대들이 뭘 알고 있느냐what a teenager knows가 아니라 그들이 그걸 어떻게 알게 되었느냐how he found out이다.
- 내 숙제는 꼭 피가 많이 흐르는 스테이크juicy steak 같다—거의 새빨갛다rarely done.
- 길을 건너는 사람pedestrians에는 두 종류가 있다. 빨리 건너는 사람the quick과 이미 죽은 사람the dead.

Part 3. You Can Only Be Young Once
어린 시절은 평생 한 번뿐이다

- Everybody wants to go to heaven, but nobody wants to die.
- An unbreakable toy is useful for breaking other toys.
- Falling in love is awfully simple. Falling out of love is simply awful.
- You can only be young once, but you can be immature forever.
- Only adults have difficulty with childproof bottles.

- **unbreakable** 깨지지 않는
- **immature** 미숙한, 유치한
- **childproof** 어린이가 열 수 없는, 어린이에게 안전한

- **awfully simple** '너무나 간단핸[단순한]' **simply awful** '아주 끔찍한' **falling in love** 사랑에 빠지는 것은 **awfully simple**한 데 반해 **falling out of love** 사랑이 끝나고 난 후의 그 끔찍한 기분이란 한 마디로 **simply awful**.

- **burglarproof** '도난방지장치' **bulletproof** '방탄장치' **bulletproof vest** '방탄조끼'

    A: It's my new travel bag. It's **bulletproof**. It's really expensive.
    이거 새로 산 여행 가방이야. 방탄 가방이다. 진짜 비싸.
    B: A **bulletproof** travel bag? Why did you buy it?
    방탄 여행 가방이라고? 그걸 왜 샀어?
    A: I think I can hide in it in an emergency.
    위험하면 가방 속에 숨으려고.

● ● ● **You know what?** 정말? 정말!

According to Scandinavian traditions, if a man and a woman eat from the same loaf of bread, they are bound to fall in love.
스칸디나비아 전통에 따르면 남자와 여자가 하나의 식빵을 함께 먹으면 그들은 사랑에 빠지게 된다고 한다.

● ● ● **construction**

- 누구나 천국heaven에는 가고 싶어 하면서도 누구도 죽고 싶어 하지는 않는다.
- 부서지지 않는 장난감unbreakable toy은 다른 장난감을 부술 때for breaking other toys 요긴하다.
- 사랑에 빠지는 것은 너무나 간단awfully simple하다. 사랑에서 헤어나오는 것은 너무나 끔찍하다simply awful.
- 어린시절은 평생 한 번뿐이지만 영원히 철이 안 들immature 수는 있다.
- 어린이 보호용childproof 병뚜껑을 열 때 애먹는 것은 어른들adults 뿐이다.

3rd Week
안녕하세요, 하느님

3rd WEEK DAY 1

Before God we are all equally wise—and equally foolish.

신 앞에 우리는 모두 똑같이 현명하다. 동시에 똑같이 어리석다.

- Albert Einstein -

So Innocent

너무나 순수한

What does it mean when an alarm sounds from the smoke detector?

연기감지기에서 소리가 나면 그건 무슨 의미일까?

Story 1. What Does It Mean When an Alarm Sounds from the Smoke Detector?

연기감지기가 울리는 의미는?

One Sunday morning, a 5-year-old boy and his parents were attending church. It was common for the preacher to invite the children to the front of the church and have a small lesson before beginning the sermon. He would bring in an item they could find around the house and relate it to a teaching from the Bible. This particular morning, the visual aid for his lesson was a smoke detector. He asked the children if anyone knew what it meant when an alarm sounded from the smoke detector. The 5-year-old boy immediately raised his hand and said, "It means Daddy's cooking dinner."

- **preacher** 목사, 설교자
- **sermon** 설교
- **visual aid** 시각 도구, 시각 교재
- **smoke detector** 연기감지기, 연기탐지기

• 연장통이나 용구들이 여러 가지 갖춰져 있는 통을 kit라고 한다. 집이나 회사, 학교에 구비하고 있는 '구급상자'는 **first-aid-kit**라고 하고, 의사의 왕진 가방은 **doctor kit**라고 한다. **detect**라는 동사는 어떤 것을 발견하고 알아차리고 탐지한다는 뜻을 가지고 있다. 연기를 감지하면 소리가 나는 '연기감지기'는 **smoke detector**, '거짓말 탐지기'는 **lie detector**.

A: Oh, my! I cut my finger. Get me a **first-aid-kit**!
아야! 손가락을 베었어. 구급상자 가져와!
B: Where is it?
어디 있는데?
A: In the bathroom!
욕실에!

You should tell us the truth, otherwise we'll have to use a **lie detector**.
사실대로 말씀하셔야 합니다. 안 그러면 거짓말 탐지기를 써야 해요.

••• construction

어느 일요일 아침, 다섯 살짜리 아이|5-year-old boy와 부모가 교회에서 예배를 보고 attending church 있었다. (그 교회에서는) 설교sermon 전에 목사|preacher가 아이들을 단상 앞으로to the front of the church 불러|invite 짤막한 수업을 해주는have a small lesson 것이 관례|common였다. 목사는 주변에서 흔히 볼 수 있는 것을 성경에 나오는 가르침teaching과 연결시키곤relate 했다. 마침 이날 아침에는This particular morning 목사의 교훈에 쓸 시각 도구 visual aid가 연기감지기|smoke detector였다. 목사는 아이들에게 연기감지기가 울리면alarm sounded 무슨 뜻인지 누가 아느냐고 물었다. 다섯 살짜리 아이는 재빨리|immediately 손을 들더니|raised his hand 대답했다. "그건 식사 준비를 아빠가 하신다는 뜻이에요."

Story 2. How to Get to Heaven
어떻게 하면 천국에 갈까요?

A Sunday School Teacher asked the following questions and he got these following answers.

"If I sold my house and my car, had a big garage sale and gave all my money to the church, would that get me into Heaven?" He asked the children in his Sunday School class.

"NO!" the children all answered.

"Then if I cleaned the church every day, mowed the yard, and kept everything neat and tidy, would that get me into Heaven?"

Again, the answer was, "NO!"

"Well, then, if I were kind to animals and gave candy to all the children, and loved my wife, would that get me into Heaven?" He asked them again.

Again, they all answered, "NO!"

"Well," He continued, "then how can I get into Heaven?"

A five-year-old boy shouted out, "YOU GOTTA BE DEAD!"

- **garage sale** 안 쓰는 물건들을 차고에서 저렴하게 파는것
- **mow** 잔디를 깎다. 풀을 베다
- **neat and tidy** 단정하고 깔끔하게

• 가정해서 말하는 문장, 즉 가정법으로 말하기란 참 쉽지 않은 일인데 이 이야기에서처럼 주일 학교 선생님이 꼭 그렇다는 것은 아니지만 그런 상황을 가정한다는 의미에서 "만약에 말이다… 선생님이 이렇게 저렇게 한다고 가정하면… "이라고 말할 때는 가정법 과거라는 형식을 이용해 If I 다음에 과거 동사를 써서 말하면 된다. 그런데 같은 말을 하면서도 나중에 그렇게 할 의향이 있는 상태에서 "만약 선생님이 이렇게 저렇게 하면… "이라고 말할 때는 If I 다음에 동사의 현재형을 써서 If I sell my house and my car, have a big garage sale, give all my money to the church... 와 같이 말할 수 있다.

If I had four sons, I would play basketball with them every day.
나한테 아들이 넷 있다면 그 애들하고 매일 농구를 할 텐데…
(사실은 아들 네 명이 없으니까 하는 말)
If I can take a day off tomorrow, I'll go shopping with you.
내가 내일 월차를 낼 수 있으면 너랑 같이 쇼핑갈게.
(내일 월차를 낼 수 있을지 없을지 아직 모르지만 만약 낼 수 있으면)

••• construction

주일학교 선생님Sunday School Teacher이 다음과 같이 질문을 했고 아래와 같은 대답을 들었다.
"만약 선생님이 집과 차를 팔고 대대적인 창고 세일garage sale을 해서 그 돈을 모두 교회에 갖다 바치면 선생님은 천국에 갈 수 있을까?" 라고 선생님이 주일학교 아이들에게 물었다.
"아니요!"라고 아이들이 일제히 대답했다.
"그럼, 선생님이 매일 교회 청소를 하고 잔디를 깎고mowed the yard, 모든 것을 깔끔하고 단정하게 정리해 놓으면kept everything neat and tidy 선생님이 천국에 갈 수 있을까?"
또다시Again 대답은 "아니요!"였다.
"그래, 그럼, 선생님이 동물들에게 친절하게 대해 주고, 모든 아이들에게 사탕을 주고, 선생님의 아내를 사랑하면 천국에 갈 수 있을까?" 선생님이 아이들에게 다시 한 번 물었다.
역시 아이들은 이렇게 대답했다. "아니요!"
"이런," 선생님이 계속해서 물었다continued. "그럼, 선생님은 어떻게 해야 천국에 갈 수 있니?"
다섯 살짜리 남자아이가 소리쳤다shouted out. "돌아가셔야지요!"

Story 3.

Dear God
하느님, 가르쳐주세요!

Dear God, did you mean for the giraffe to look like that or was it an accident?

Dear God, instead of letting people die and having to make new ones, why don't you just keep the ones you have now?

Dear God, thank you for my baby brother, but what I prayed for was a puppy.

Dear God, I want to be just like my daddy when I get big, but not with so much hair all over.

Dear God, I bet it is very hard for you to love all the people in the world. There are only four people in our family and I can never do it.

Dear God, we read Thomas Edison made light. But in Sunday school, we learned that you did it. So I bet he stole your idea, RIGHT?

- **giraffe** 기린
- **bet** 단언하다, 보증하다, 장담하다
- **light** 전등, 빛

- 우리나라에서도 어린아이를 보면서 "아이고, 우리 강아지"라고 하는데 영어로도 '아기, 어린애'를 **puppy**라고 부른다. 유아기나 사춘기 때 일시적으로 살이 찌는 '비만'은 **puppy fat**이라고 표현하고 '풋사랑'은 **puppy love**라고 한다.

•• 에디슨이 하느님의 아이디어를 훔쳤다는 아이의 생각이 천진난만하다. '아이디어를 훔쳤다'를 **stole your idea**라고 했는데 이렇게 아이디어나 돈, 가방, 보석과 같은 것들을 '훔치다, 빼앗다'라고 할 때는 **steal**을 쓰고, 은행이나 집, 보석상과 같은 곳, 아니면 사람에게서 뭔가를 뺏어간다고 할 때, 소위 '턴다'고 할 때는 **rob**을 쓴다. 은행을 털어서 돈을 훔쳐간다고 하면 **rob the bank of money**라고 하고, 도둑이 어떤 집에 들어가 보석들을 훔쳐간다고 하면 **rob the house of jewelry**가 된다.

••• **You know what?** 정말? 정말!

Do you know why Thomas Edison invented the light bulb? He was afraid of the dark. So maybe he invented the light bulb.

토마스 에디슨이 왜 전구를 발명했는지 아시나요? 그는 어둠을 무서워했대요. 그래서 아마 전구를 발명한 게 아닐까 싶습니다.

••• **construction**

하느님, 기린giraffe을 일부러did you mean 그런 모양으로to look like that 만드신 거예요? 아니면 실수로 그렇게 된 거an accident예요?

하느님, 사람들이 죽고letting people die 새로운 사람들이 태어나게 하지make new ones 마시고 지금 있는 사람들the ones you have now을 그냥 그대로 두시면keep 안되나요?

하느님, 남동생이 태어나게baby brother 해주셔서 감사합니다. 그런데 제가 달라고 기도했던 것what I prayed for은 강아지puppy였어요.

하느님, 저는 크면get big 아빠처럼just like my daddy 되고 싶어요. 하지만 온 몸에 난all over 그 많은 털은 빼고요not with so much hair.

하느님, 하느님이 이 세상의 모든 사람들을 다 사랑하기는 분명히I bet 힘드실 거예요. 우리 식구는 딱 네 명뿐인데도 저는 못하거든요I can never do it.

하느님, 토마스 에디슨이 전등을 만들었다고made light 읽었어요. 그런데 주일학교 Sunday school에서는 하느님이 빛을 만드셨다고 하더라고요. 그러니까 그 사람이 하느님의 아이디어를 빼앗아 간stole your idea 거죠. 맞죠?

3rd WEEK DAY 2

God is a concept by which we measure our pain.

신이란 우리가 우리의 고통을 측정하는 개념이다.

- John Lennon -

Out of Curiosity
궁금해서 그러는데요

Dear God, if we come back as humans, is that good, or bad?
하느님, 우리 개들이 인간으로 다시 태어난다면 좋은 거예요? 나쁜 거예요?

Story 1.

Eve's Man
짝꿍을 만들어주세요!

One day in the Garden of Eden, Eve calls out to God.

"Lord, I have a problem!" I know you created me and provided this beautiful garden and all of these wonderful animals but I'm just not happy."

"Why is that, Eve?" came the reply from above.

"Lord, I am lonely, very lonely!"

"Well, Eve, in that case, I have a solution. I will create a man for you."

"What's a man, Lord?"

"This man will be a flawed creature, with many bad traits. He'll lie, cheat, and be vainglorious; all in all, he'll give you a hard time. But he'll be bigger and faster. He'll be witless and will revel in childish things like fighting and kicking a ball about. He won't be too smart, so he'll also need your advice to think properly."

"Sounds great," says Eve.

"You can have him on one condition. As I said, he'll be proud, arrogant, and self-admiring. So you'll have to let him believe that I made him first. Just remember, it's our little secret. You know, woman to woman."

- **vainglorious** 자만심이 강한
- **witless** 어리석은, 무분별한
- **revel in** ~에 빠지다, ~를 즐기다

- 왜 그런지 이유를 물을 때, **Why?**라고만 하지 말고 **Why is that? / How come?**이라는 표현도 써보자. 기억할 문법 사항은 **Why** 다음에는 의문문의 어순으로 이어 말하고, **How come** 다음에는 평서문을 이어서 말한다는 것. "너는 왜 늘 늦니?"라고 묻는다면 **Why are you always late?** 혹은 **How come you are always late?**라고 말하면 된다.

(At the airport)
A: The plane has been canceled. I don't know why.
    비행기가 취소되었어. 왜 그런지 모르겠네.
B: **How come?** Ask the staff why.
    어째서? 왜 그런지 직원에게 물어봐.
A: I already asked him why, but he didn't tell me why.
    벌써 물어봤는데, 이유를 말해주지 않네.

••• construction

어느 날 에덴동산에서in the Garden of Eden 이브가 하느님을 불렀다.
"하느님, 저 고민이 있는데요!" 하느님이 저를 만드시고created 이 아름다운 동산과 이 멋진 동물들도 만들어 주신 것은 아는데요. 저는 전혀 행복하지 않아요!"
"왜 그런 거냐Why is that, 이브야?" 하늘에서 대답이 들려왔다came the reply.
"하느님, 저는 외로워요lonely, 너무나 외롭다고요!"
"그래, 이브야, 그렇다면 말이야In that case, 해결책solution이 있느니라. 내가 너를 위해서 남자를 만들어주겠다."
"남자가 뭔데요, 하느님?"
"이 남자라는 것은 흠이 있는 존재flawed creature니라. 나쁜 특성bad traits을 많이 가지고 있지. 거짓말도 하고lie 속이고cheat 자만심이 강하단다vainglorious. 무엇보다도all in all 이브 너를 고생 좀 시킬 거다give you a hard time. 하지만 너보다 크고 빠르다. 어리석고 witless 싸움이나 공차기 같이 유치한 것들childish things을 즐겨 하지revel. 그다지 똑똑하지도 않으니 남자가 생각을 제대로 할think properly 수 있도록 네가 조언을 아끼지 말아야 한다."
"좋아요." 이브가 말했다.
"너는 한 가지만 지키면on one condition 남자를 가질 수 있다. 내가 말했듯이 남자는 잘난 척하고proud 교만하고arrogant 자화자찬self-admiring에 빠져 있단다. 그러니 너는 그 남자에게 내가 남자를 먼저 만들었다made him first고 믿게 해야 한다. 꼭 기억해라. 이건 우리 사이의 비밀이다. 알겠지? 여자 대 여자로 말이야woman to woman."

3rd Week Day 2   107

Story 2. Doggy Letters to God
강아지의 편지

Dear God, excuse me, but why are there cars named after the jaguar, the mustang, the colt, the stingray, and the rabbit, but not one named for a dog? How often do you see a jaguar riding around? We dogs love a nice ride! I know every breed cannot have its own model, but it would be easy to rename the Chrysler Eagle the Chrysler Beagle!

Dear God, if we come back as humans, is that good, or bad?

Dear God, more meatballs, less spaghetti, please.

Dear God, we dogs can understand human verbal instructions, hand signals, whistles, horns, clickers, beepers, scent IDs and Frisbee flight paths. What do humans understand?

Dear God, are there dogs on other planets or are we alone? I have been howling at the moon and stars for a long time, but all I ever hear back is the beagle across the street!

- **jaguar** 중남미산 표범, 재규어
- **colt** 망아지
- **breed** 품종
- **verbal instruction** 말로 지시하는 것
- **horn** 경적, 나팔
- **beeper** 휴대용 무선 호출기
- **mustang** (멕시코, 텍사스 등의) 작은 반야생마, 무스탕
- **stingray** 가오리
- **rename** 개명하다
- **hand signal** 손으로 신호를 보내는 것, 수신호
- **clicker** 혀로 소리내는 것
- **howl** 긴 소리로 짖다

● 생각해보니 개의 품종을 따서 이름을 지은 차는 없다. '누구의 이름을 따서 짓다' 는 **name after**라고 하고, 이름을 A에서 B로 바꾸면 **rename A B**라고 하면 된다. 달과 별을 보면서 수도 없이 짖었건만 옆집 강아지 멍멍 소리밖에 들을 수 없다는 강아지의 하소연. 뭐든지 되돌아오는 것, 되받아치는 것은 **back**을 붙여 말한다. 말대꾸? **talk back**. 내가 소리를 내니까 어떤 소리가 들려온다? **hear back**. 되돌려준다 **give back**. 나에게 되돌려주다 **bring back**. 왜 때려! 나도 때린다 **hit back** 등등.

A: Who did you **name** your son **after**?
　　넌 누구 이름을 따서 아들 이름을 지었어?
B: My grandfather.
　　우리 할아버지.

You're going to **rename** Samsoon Heeeun?
너, 이름을 삼순에서 희은으로 바꾸겠다고?

●●● **construction**

　　하느님, 죄송하지만 왜 자동차 이름은 다 재규어, 무스탕, 망아지, 가오리, 토끼의 이름을 따서 짓고 named after 개 이름을 따서 지은 named for a dog 것은 없나요? 재규어가 뛰어다니는 것 riding around 을 몇 번이나 How often 보셨길래요? 우리 개들이 얼마나 잘 뛰고 nice ride 그것을 좋아하는데요! 개의 품종 breed 마다 다 이름을 따서 자동차 모델을 만들 수는 없겠지만 크라이슬러 이글 Chrysler Eagle 을 크라이슬러 비글 Chrysler Beagle 로 이름을 바꾸는 rename 것은 쉽잖아요!
　　하느님, 우리가 인간으로 다시 태어나면 come back as humans 좋은 거예요? 나쁜 거예요?
　　하느님, 스파게티는 덜 주시고 less spaghetti 고기완자를 더 많이 more meatballs 주세요.
　　하느님, 우리 개들은 사람들이 말로 하는 지시 verbal instructions 나 손으로 하는 신호 hand signals, 휘파람 whistles, 경적 horns, 혀로 소리내어 부르는 것 clickers, 삐삐 beeper 소리, 냄새로도 다 구별 scent ID 할 줄 알고 원반이 날아가는 경로 Frisbee flight paths 도 다 이해한답니다. 그런데 인간들은 뭘 이해하죠?
　　하느님, 다른 별에도 on other planets 개들이 사나요? 아님 우리밖에 없나요? 저는 달과 별을 보며 오랫동안 짖어왔는데 have been howling 제가 들은 것이라고는 all I ever hear back 길 건너편에 사는 비글 소리뿐이에요!

Story 3. He Did It Left-handed
하느님이 왼손으로 그리신 거예요

Little Bobby was spending the weekend with his grandmother after a particularly trying week in kindergarten. His grandmother decided to take him to the park on Saturday morning. It had been snowing all night and everything was beautiful.

His grandmother remarked, "Doesn't it look like an artist painted this scenery? Did you know God painted this just for you?"

Bobby said, "Yes, God did it and he did it left-handed."

This confused his grandmother a bit, and she asked him.

"What makes you say God did this with his left hand?"

"Well," said Bobby, "We learned at Sunday School last week that Jesus sits on God's right hand!"

- **trying** 괴로운, 힘든, 견딜 수 없는
- **kindergarten** 유치원
- **scenery** 풍경, 경치
- **left-handed** 왼손잡이인
- **confuse** 당황하게 하다

• **on God's right hand**는 '하느님의 오른손에' 라고도, '하느님의 오른편에' 라고도 해석이 된다. 꼬마 바비가 아는 범위 내에서는 예수님이 하느님의 '오른손에' 앉아 계신다고 이해했으니까 그럼, 아마도 그림은 왼손으로 그리셨겠구나… 한 것. 우리말로 심복, 믿을 수 있는 최측근을 소위 '오른팔' 이라고 하는데 영어로도 **right-hand man**이라는 말을 쓴다. 누구 편이라고 할 때는 **side**를 써서 **I'm on your side**(난 네 편이야) / **Whose side are you on?**(넌 누구 편이니?)와 같이 말한다.

I can trust him. He's my **right-hand man**.
나는 그 사람 믿을 수 있어. 내 오른팔이거든.

• • • **You know what?** 정말? 정말!
According to statistics, there is a great chance that one will be left-handed in twins.
통계에 따르면 쌍둥이 중 한 명은 왼손잡이일 가능성이 아주 크다고 합니다.

• • • **construction**

꼬마 바비가 유치원kindergarten에서 너무나 힘든particularly trying 한 주를 보내고 난 후 주말을 할머니와 함께 보내고 있었다. 할머니는 토요일 아침에 손자를 공원에 데려가기로 했다. 밤새도록all night 눈이 내려 모든 것이 아름다웠다.

할머니가 말씀하셨다. "화가artist가 이 풍경scenery을 그린 것 같지 않니? 하느님이 이 풍경을 오직 너만을 위해서just for you 그리셨다는 것을 알고 있니?"

바비가 말했다. "네, 하느님이 그리셨는데요. 왼손으로left-handed 그리셨어요."

이 말을 듣고 할머니가 좀a bit 놀라서confused 물으셨다. "왜What makes you 하느님이 이 그림을 왼손으로with his left hand 그리셨다고 생각하니?"

"그건요," 바비가 말했다. "지난 주에 주일학교에서 배웠는데요. 하느님의 오른손에는 on God's right hand 예수님이 앉아 계신대요."

3rd WEEK DAY 3

Life is a bridge. Cross over it, but build no house on it.

삶은 다리이다. 그 위를 건너되 그 위에 집을 지어서는 안 된다.

- Indian proverb -

Great Truths about Life

인생의 위대한 진리

When your Mom is mad at your Dad, don't let her brush your hair.

엄마가 아빠한테 화나 있을 때는 머리를 빗겨달라고 하지 마라.

 **Story 1.** 7 Great Truths about Life, that
Little Children Have Learned

아이들이 깨달은 인생의 7가지 위대한 진리

1. No matter how hard you try, you can't baptize cats.
2. When your Mom is mad at your Dad, don't let her brush your hair.
3. If your sister hits you, don't hit her back. They always catch the second person.
4. You can't trust dogs to watch your food.
5. Don't sneeze when someone is cutting your hair.
6. Don't wear polka dot underwear under white shorts.
7. The best place to be when you're sad is Grandpa's lap.

- **baptize** 세례를 베풀다
- **brush** 머리를 빗다
- **catch** (벌 등을) 받다
- **sneeze** 재채기하다
- **polka dot** 물방울 무늬
- **shorts** 짧은 (반)바지

- 교회나 성당에서 세례받고 받는 '세례명'은 **baptismal name** 혹은 **Christian name** 이라고 한다.

    I was **baptized** Regina.
    나는 레지나라는 세례명을 얻었어.

- **trust**는 그 사람 자체를 믿는 것으로 이 이야기에서는 개를 믿는 것이다. **believe**는 그 사람이 하는 말, 즉 어떤 말의 내용을 믿는 것이다.

    Do you **trust** me?
    나 믿지?
    How can I **trust** you?
    내가 어떻게 너를 믿겠니?
    Can you **believe** it? Mr. Kim got a promotion this time again!
    너 그거 믿어지니? 김 과장, 이번에 또 승진했대!

- 점들이 모여 있는 물방울 무늬를 흔히 땡땡이라고 하는데 이것은 '점들'을 일본어로 '덴덴' 이라고 하는 데서 비롯된 것이다. 영어로는 **dot** 혹은 **polka dot**이라고 한다.

• • • construction

1. 아무리 열심히 노력해도 no matter how hard you try, 고양이에게 세례를 줄 baptize 수는 없다.
2. 엄마가 아빠한테 화나 mad 있을 때는 머리를 빗겨 달라고 let her brush 하지 마라.
3. 여동생이 때리면 맞받아 때리지 hit her back 마라. 어른들은 항상 두 번째 사람을 혼낸다 catch the second person.
4. 개를 믿고 trust 음식을 지키게 watch your food 해서는 안 된다.
5. 누가 네 머리를 자르고 있을 때는 재채기 하지 sneeze 마라.
6. 흰색 반바지 속에는 under white shorts 땡땡이 속옷 polka dot underwear을 입지 마라.
7. 슬플 때는 할아버지 무릎 lap이 가장 좋다.

Story 2. ## 6 Great Truths about Life, that Adults Have Learned

어른들이 깨달은 인생의 7가지 위대한 진리

1. Raising teenagers is like nailing Jell-O to a tree.
2. Wrinkles don't hurt.
3. Families are like fudge—mostly sweet, with a few nuts.
4. Today's mighty oak is just yesterday's nut that held its ground.
5. Laughing is good exercise. It's like jogging on the inside.
6. Middle age is when you choose your cereal for the fiber, not the joy.

- **Jell-O** (상표명) 젤리
- **fudge** 설탕, 버터, 우유, 초콜릿으로 만든 땅콩이 든 사탕
- **mostly** 대개, 보통은
- **mighty** 거대한, 으리으리한
- **oak** 자작나무
- **fiber** 섬유소

● 웃음의 종류도 여러 가지. 미소를 지으면 **smile**, 키득키득 웃으면 **giggle**, 소리 내어 깔깔대고 웃으면 **laugh**, 신나거나 좋아서 낄낄거리면 **chuckle**, 이를 드러내며 싱긋 웃거나 아픔이나 분노를 참고 웃는 경우에는 **grin**, 소리를 죽여 킥킥거리며 웃을 때는 **titter**.

● ● ● **You know what?** 정말? 정말!
People with allergies can lower allergy reactions by laughing.
알레르기가 있는 사람은 웃으면 알레르기 반응이 줄어든다고 해요.

● ● ● **construction**

1. 십대 아이들을 키우는 것Raising teenagers은 못으로 나무에 젤리를 박으려고 하는 것과 같다.
2. 주름살Wrinkles은 생겨도 아프지 않다.
3. 가족은 땅콩 캔디fudge 같다. 대체로mostly 달콤하고sweet 간간히 땅콩도 들어 있다 with a few nuts.
4. 오늘의 거대한mighty 자작나무oak는 바로 어제 땅에 심었던held its ground 땅콩 하나다.
5. 웃음Laughing은 좋은 운동good exercise이다. 몸 안에서on the inside 조깅을 하는 것 jogging과 같다.
6. 중년Middle age이란 시리얼을 맛 때문이 아니라not for the joy 섬유소 때문에for the fiber 먹게 되는 나이이다.

Story 3. Great Truths about Growing Old
나이 들어가는 것에 대한 위대한 진리

1. Growing old is mandatory; growing up is optional.
2. You're getting old when you get the same sensation from a rocking chair that you once got from a roller coaster.
3. It's frustrating when you know all the answers, but nobody bothers to ask you the questions.
4. Time may be a great healer, but it's a lousy beautician.
5. Wisdom comes with age, but sometimes age comes alone.

THE FOUR STAGES OF LIFE:
1. You believe in Santa Claus.
2. You don't believe in Santa Claus.
3. You are Santa Claus.
4. You look like Santa Claus.

- **mandatory** 강제적인, 필수적인, 의무적인
- **optional** 선택적인
- **sensation** 기분, 느낌
- **rocking chair** 흔들의자
- **roller coaster** 청룡열차
- **frustrating** 짜증나는, 불쾌한
- **healer** 치료사
- **lousy** 실력 없는, 볼품없는
- **beautician** 미용사

- **grow old**는 나이 먹어 늙는다는 말이고, **grow up**은 자라서 '어른스러워지다, 성숙해지다' 라는 말이다.

  A: I want to **grow up** soon without **growing old**.
  늙지는 않고 빨리 성숙해지기만 했으면 좋겠어.
  B: Likewise.
  나도 마찬가지야.

- **frustrating**을 사전에서 찾아 보면 주로 '좌절스러운' 이라고 되어 있는데 그래서 이 단어를 우리나라 사람들이 잘 쓰지 못한다는 생각이 든다. 시험에 떨어져서 좌절스러운 경우만이 아니라 실망스럽고 화나고 짜증나고 성질 날 때 모두 **frustrating**하다고 말할 수 있다.

- **believe**는 어떤 사람이 하는 말을 믿는다는 뜻이고 **trust**는 그 사람 자체를 믿는다는 것이다.

  A: I can't **believe** it! How could that happen?
  믿을 수가 없어! 어떻게 그런 일이 생기지?
  B: You mean you don't **trust** me?
  나를 못 믿는다는 거야?
  A: I do **trust** you, but what you've just said is unbelievable.
  너야 당연히 믿지. 하지만 네가 방금 한 말은 믿기지가 않아.

construction

1. 늙는 것은 growing old는 필수 mandatory지만 성숙해지는 것 growing up은 선택 optional이다.
2. 흔들의자 rocking chair에 앉아서 예전에 롤러코스터 roller coaster를 탈 때와 같은 기분 sensation을 느낀다면 당신은 늙어가는 getting old 것이다.
3. 당신이 모든 대답을 다 알고 있는데도 아무도 당신에게 그것을 귀찮게 bothers 물어 보지 않는 것은 화나는 frustrating 일이다.
4. 시간은 위대한 치료사 great healer이긴 하지만 실력 없는 미용사 lousy beautician이다.
5. 지혜 Wisdom는 나이와 함께 오지만 가끔은 나이만 오기도 age comes alone 한다.

인생의 4단계:
1. 산타클로스를 믿는다.
2. 산타클로스를 믿지 않는다.
3. 당신이 산타클로스가 된다.
4. 산타클로스 같은 외모가 된다.

3rd WEEK DAY 4

Jealousy is the fear of comparison.

질투란 다른 사람과 비교되는 것에 대한 두려움이다.

- Max Frisch -

Don't Rain on the Parade

남의 일에 초치지 말지어다

Rome? It's crowded, dirty and full of Italians.
You're crazy to go to Rome!?

로마에 가신다구요? 북적거리고 더럽고 온통 이탈리아인들뿐인데.
미쳤어요? 로마에 가게!

Part 1. Continental? That's a Terrible Airline.

컨티넨탈 타고 가신다구요? 그 허접한 비행기를?

A woman was at her hairdresser's to get her hair styled prior to a trip to Rome with her boyfriend. She mentioned the trip to the hairdresser.

The hairdresser said "Rome? Why would anyone want to go there? It's crowded, dirty and full of Italians. You're crazy to go to Rome!? So, how are you getting there?"

The client said "We're taking Continental, we got a great rate!"

The hairdresser said "Continental? That's a terrible airline. Their planes are old, their flight attendants are ugly, and they're always late. So, where are you staying in Rome?"

- **prior to** ~전에, ~하기 전에
- **rate** 요금, 가격
- **flight attendant** 비행기 승무원

꼭 이렇게 남의 일에 초를 치는, 괜히 재 뿌리는 사람들이 있다. 이런 것을 멋진 퍼레이드를 하는데 거기에 비를 왕창 뿌리는 것과 같다고 해서 rain on the[someone's] parade 라고 한다.

I'm sorry to **rain on your parade**, but you're not allowed to have food or drinks in the theater.
초를 쳐서 죄송합니다만, 극장 안에서는 음식이나 음료를 드실 수 없습니다.

••• You know what? 정말? 정말!

Scientists with high-speed cameras have discovered that rain drops are not tear shaped but rather look like hamburger buns.
과학자들이 초고속 카메라로 찍어보니까, 빗방울은 눈물방울 같은 모양이 아니라 그보다는 햄버거 빵처럼 생겼다고 합니다.

••• construction

한 여자가 남자친구와 함께 로마로 여행을 가기 전에 prior to a trip to Rome 머리 손질을 하려고 get her hair styled 미용실에 갔다. 그녀는 미용사 hairdresser 에게 여행 이야기를 했다 mentioned.

미용사가 말했다. "로마요? 대체 누가 거기에 가고 싶어 할까? 복잡한데다가 crowded 더럽고 dirty 이탈리아 인들로 북적북적 full of Italians 하잖아요. 로마에 가다니 미쳤군요!? 근데, 뭐 타고 가시는데요?"

손님이 말했다. "컨티넨탈 항공을 타려고요. 요금이 저렴하더라고요 got a great rate !"

미용사가 말했다. "컨티넨탈이요? 그따위 항공사 terrible airline 의 비행기를 타시다니. 거기 비행기는 낡은데다가 승무원들 flight attendants 은 못생겼고 ugly 항상 연착된다고요 always late. 그래, 로마에서는 어디 묵으실 staying 생각이세요?"

Part 2. The Pope Will Look the Size of an Ant.

교황이 개미만 하게 보이겠는걸요.

The client said "We'll be at this exclusive little place called Rostro."

The hairdresser said "Don't go any further. I know that place. Everybody thinks its going to be something special and exclusive, but it's really a dump, the worst hotel in the city! The rooms are small, the service is surly and they're overpriced. So, what are you doing when you get there?"

The client said "We're going to go to see the Vatican and we hope to see the Pope."

The hairdresser (laughing) said "Oh, you and a million other people trying to see him. He'll look the size of an ant. Boy, good luck on this lousy trip of yours. You're going to need it."

- **exclusive** 고급의
- **dump** 쓰레기, 형편없는 것
- **surly** 퉁명스러운
- **overpriced** 가격이 터무니없이 비싼
- **lousy** 조잡한, 형편없는, 보잘것없는

- 상대방이 여자인데 남성 명사 **Boy**를 감탄사로 썼다. 여기서 **Boy**는 "으휴" "어머"와 같이 감정이나 놀라움을 나타내는 감탄사이다.

- - 어떤 사람에게 행운을 빈다고 할 때는 **Good luck** 말고도 **I'll keep my fingers crossed**라고 말하면서 셋째 손가락과 둘째 손가락을 꼬아서 십자가처럼 만들어 보여주기도 한다. **Wish me luck**이라는 말도 흔히 쓰는 말. **knock on wood**라는 말도 하는데 보통 바라는 바를 말하고 나서 바로 이어서 말한다. 악운을 쫓아내고 좋은 일만 있게 해달라는 주문 같은 것.

We plan to be in Venice by tomorrow evening—**knock on wood**.
우리는 내일 저녁에 베니스에 가 있을 예정이에요. (무사히 갈 수 있게 해 주세요)—제발 그렇게 되기를.
My car has never given me any trouble—**knock on wood**.
제 차는 지금까지 한 번도 말썽을 부린 일이 없어요. (앞으로도 없게 해 주세요)—제발 좀.

● ● ● **construction**

손님이 말했다. "로스트로라는 작지만 고급스런exclusive 호텔에 묵으려고 해요."
미용사가 말했다. "더 이상 말도 하지go any further 마세요. 저 거기 알아요. 사람들은 거기가 뭔가 특별하고special 고급exclusive일 거라고 생각하지만 사실은 쓰레기 같은 곳 dump으로 로마에서 가장 안 좋은 호텔이죠! 객실은 비좁고small 서비스는 퉁명스럽고surly 가격도 쓸데없이 비싸거든요overpriced. 그래, 로마에 가셔서 뭘 하시려구요?"
손님이 말했다. "저희는 바티칸에 가서 구경할 거예요. 교황the Pope를 볼 수 있으면 좋겠어요."
미용사가 웃으며 말했다. "아이고. 당신만이 아니라 백만 명 정도 되는 사람들a million other people이 교황을 보려고 하겠죠. 교황이 아마 개미만 하게the size of an ant 보이겠네요. 으휴Boy, 당신의 형편없는lousy 여행에 행운good luck이 있기를 바래요. 당신은 정말 행운이 필요할 거예요."

Part 3.   What Did the Pope say?
교황이 뭐라고 하셨죠?

A month later, the woman again came in for a hairdo and the hairdresser inquired about her trip to Rome.
The client said "It was wonderful, not only were we on time in one of Continental's brand new planes, but it was overbooked and they bumped us up to first class. The food and wine were wonderful, and I had a handsome steward who waited on me hand and foot! And the hotel—it was great! They'd just finished a $5 million remodeling job and now it's a jewel, the finest hotel in the city.
The hairdresser (muttering) said "Well, that's all good, but I know you didn't get to see the Pope."
The client said "Actually, we were quite lucky, because as we toured the Vatican a Swiss Guard tapped me on the shoulder and explained that the Pope liked to meet some of the visitors and asked me step into his private room and wait. Sure enough, five minutes later, the Pope walked through the door and shook my hand! I knelt down and he spoke a few words to me."
The hairdresser said "Oh, really... what did he say?"
The client said "He said, where did you get that crappy hairdo?"

- 「wait on 누구」라고 하면 '누구에게 서빙한다'는 말이다. waiter는 기다리는 사람이 아니라 '서빙하는 사람,' 'wait on하는 사람'이라는 뜻. 요즘은 패밀리 레스토랑 등에서 waiter라는 말 대신 server라는 말을 쓰는 것을 볼 수 있다. 레스토랑에 가서 주문을 했든 안 했든 서빙하는 사람(waiter, server)이 와서 이렇게 물을 수 있다. **Are you being served?** 혹은 **Are you being waited on?**이라고. 직역하면 "서빙 받고 계십니까?"라는 말이 되는데 다른 직원이 와서 주문을 받아갔는지를 묻는 말이다. 즉, 우리 식으로 하면 "주문하셨습니까?"라는 말. 주문했으면 Yes라고 하면 될 것이고, 안 했으면 메뉴판을 받아 주문을 하면 되겠다.

- - crap은 '쓰잘데기 없는 것, 형편없는 것, 허튼 것'이라는 뜻의 명사이고 **crappy**가 형용사이다.

Cut it out! / Cut the **crap**!
집어 쳐! / 그만 좀 해!

construction

한 달 후에 그 여자가 머리를 하러for a hairdo 다시 그 미용실에 오자came in 미용사는 로마 여행이 어땠는지 물었다inquired.

손님이 말했다. "너무나 멋졌어요. 마침on time 딱 맞게 컨티넨탈의 새brand new 비행기 기종을 탔을 뿐 아니라 좌석이 초과 예약되어서overbooked 1등석으로 옮겨줬죠bumped us up. 음식과 와인은 너무나 맛있었고, 잘생긴 남자 승무원steward이 정성스럽게 서빙을 해줬어요waited on me hand and foot! 그리고 또 호텔은 어땠구요. 환상이었어요! 얼마 전에 5백만 달러를 들여 리모델링을 마쳐서 지금은 보석 같다니까요. 정말이지 로마 최고의 호텔이 되었더라구요.

미용사가 머뭇머뭇하며muttering 말했다. "뭐, 다 잘됐네요. 그렇지만 교황은 못 만나셨죠!"

손님이 말했다. "사실은 우리가 너무나 운이 좋았어요quite lucky. 왜냐면 우리가 바티칸 성당을 둘러보고toured 있는데 스위스 경호원이 제 어깨를 툭 치더니tapped me on the shoulder 교황께서 관광객들 중 몇 사람을 만나고 싶어 하신다면서 교황의 개인 집무실private room에 들어가 기다리라고 하더군요. 정말로Sure enough 5분 후에 교황이 문을 열고 들어오시더니 저와 악수를 하시는 거에요shook my hand! 저는 무릎을 꿇었고knelt down 교황께서 제게 말씀하셨어요."

미용사가 말했다. "어머, 정말요... 뭐라고 하셨는데요?"

손님이 말했다. "교황이 물으시더군요. 어디서 머리를 그렇게 후지게crappy hairdo 했느냐고."

3rd WEEK DAY 5

The truth is rarely pure and never simple.

진실은 결코 순수하지도 단순하지도 않다.

- Oscar Wilde -

Things You Should Have Learned by Middle Age

중년쯤 되면 깨닫게 되는 것들

If you look like your passport picture, you probably need the trip.

당신의 얼굴이 여권사진처럼 보이면 여행을 떠나야 한다.

Part 1. What Makes You Look Fat
당신이 뚱뚱해 보이는 이유

1. If you're too open-minded, your brains will fall out.
2. Don't worry about what people think; they don't do it very often.
3. Going to church doesn't make you a Christian any more than standing in a garage makes you a car.
4. It's not the jeans that make you look fat.
5. Artificial intelligence is no match for natural stupidity.
6. It is easier to get forgiveness than permission.

- **open-minded** 편견 없는, 마음이 넓은
- **not A any more than B** B가 아닌 것과 같이 A도 아니다
- **artificial** 인위적인, 거짓의
- **match** 대등한 것, 필적하는 것
- **forgiveness** 용서
- **permission** 허락, 허가

- too를 쓰면 너무 지나쳐서 안 좋다는 의미이다.

    This house is **too** big for two people to live in.
    이 집은 두 사람이 살기에는 너무 크다.
    You're just **too** good to be true.
    넌 정말이지 너무나 지나치게 멋져. / 믿을 수 없을 만큼 너무나 괜찮은 사람이야.

- - **It is easier to get forgiveness than permission**은 허락을 받고 어떤 일을 하기란 힘드니까 그보다는 그냥 확! 저질러 버리고 나서 나중에 용서를 구하는 편이 낫다는 말.

    Sister: Do you think Mom and Dad will allow me to go to the dancing party?
    오빠는 엄마, 아빠가 나 댄스파티에 가라고 허락하실 것 같아?
    Brother: No way! **It's easier to get forgiveness than permission.** Just go!
    어림없지! 허락을 받는 것보다는 용서 받는 것이 더 쉬워. 그냥 가!

• • • **construction**

1. 마음을 너무 열어 놓으면too open-minded 아는 것이 다 바깥으로 빠져나가 버린다fall out.
2. 사람들이 어떻게 생각할까what people think 걱정하지 마라. 사람들은 생각이란 걸 그렇게 자주 하지 않는다.
3. 교회에 간다고 해서Going to church 기독교인Christian이 되는 것은 아니다. 차고garage 안에 서 있다고 해서 당신이 차가 되는 것은 아니듯이.
4. 당신이 뚱뚱해fat 보이는 것은 청바지jeans 때문이 아니다.
5. 억지로 똑똑해 보이려 하는 것artificial intelligence보다는 자연스러운 어리석음natural stupidity이 낫다.
6. 허락permission 받는 것보다 용서forgiveness 받는 편이 더 쉽다.

 *Part 2.* When You Need the Trip
여행을 떠나야 할 때

7. If you look like your passport picture, you probably need the trip.
8. Bills travel through the mail at twice the speed of checks.
9. A conscience is what hurts when all of your other parts feel so good.
10. No man has ever been shot while doing the dishes.
11. A balanced diet is a cookie in each hand.
12. Middle age is when broadness of the mind and narrowness of the waist change places.

- **at twice the speed of** ~의 두 배 속도로
- **conscience** 양심
- **do the dishes** 설거지하다
- **broadness** 넓음, 넓이
- **narrowness** 좁음

- look 다음에는 형용사를 이어 쓰고, look like 다음에는 명사나 「주어 + 동사」를 이어 쓴다.

    You **look** cute today. You **look like** Tinker Bell.
    너 오늘 귀여워 보인다. 팅커벨 같아.
    It **looks like** you had a great time in New Zealand.
    너 뉴질랜드에서 아주 재미있었나 보구나.

●● 건강, 웰빙 등을 이유로 먹거리에 신경 써야 한다. 좋은 것을 적당히, 살찌지 않게, 맛있어도 조금만 등등. 되려 이런 것이 스트레스를 주기도 하고, 먹고 싶은 것 마음대로 먹는 행복은 포기하게도 된다. 그러니 balanced diet 균형 잡힌 식사, 식단이라는 것을 영양소를 골고루 갖춘 식사가 아니라 쿠키를 양 손에 하나씩 들고 맛있게 먹는 것이라고 생각하고도 싶다. 먹는 기쁨도 크니까.

●●● **You know what?** 정말? 정말!

How much fat do you think we have in our bodies? The average human body contains fat enough to make seven bars of soap. Isn't it amazing?

우리 몸 속에 지방이 얼마나 있을까요? 보통 인간의 몸 속에는 비누 7개를 만들 수 있을 만큼의 지방 덩어리가 있다고 합니다. 놀랍지 않습니까?

●●● **construction**

7. 자기 얼굴이 여권사진passport picture처럼 보이면 여행 갈 때가 된 것이다.
8. 고지서Bills는 수표checks가 오는 속도보다 두 배 빨리 배달되어 온다.
9. 다른 모든 신체부위all of your other parts가 너무나 좋을 때 찔리는 것what hurts이 양심conscience이다.
10. 설거지하다가while doing the dishes 총 맞은 남자는 없다.
11. 균형 잡힌 식단balanced diet이란 양 손에in each hand 쿠키를 들고 있는 것이다.
12. 중년Middle age이란 넓었던 정신세계broadness of the mind와 가늘었던 허리 둘레 narrowness of the waist가 서로 자리를 바꾸는change places 것이다.

Part 3. Experience Is a Wonderful Thing
경험이란 굉장한 것이다

13. Opportunities always look bigger going than coming.
14. Junk is something you've kept for years and thrown away three weeks before you need it.
15. Experience is a wonderful thing. It enables you to recognize a mistake when you make it again.
16. What can't be cured must be endured.
17. Someone who thinks logically provides a nice contrast to the real world.
18. If you must choose between two evils, pick the one you've never tried before.

- **junk** 고물, 쓰레기
- **throw away** 버리다
- **recognize** 알아차리다, 눈치채다
- **logically** 논리적으로
- **contrast** 대조

● 비슷한 말 같아 보이는 세 단어 **opportunity, chance, occasion**. 먼저 **opportunity**는 구체적으로 어떤 행동을 할 수 있는, 여러 가지 조건이 갖추어진 '좋은 기회'라는 의미이다. **chance**는 우연의 의미가 많이 담겨 있어 '우연한 기회, 정도'의 뜻. 「**take a chance on** + 누구[무엇]」이라고 하면 누구 혹은 무엇이라는 우연이 다가온 기회에 운명을 걸어보는 것, 모험을 해보는 것을 말한다. **occasion**은 특별한 때나 장소라는 의미로 쓰이는 말이다.

What a great **opportunity**! Don't hesitate to grab it.
이게 웬 기회냐! 주저하지 말고 꽉 잡아.
I think it's my last **chance**. I'll take a **chance** on this guy.
이게 마지막 기회인 것 같아. 이 남자한테 한번 운명을 걸어볼래.
Wow, look at you! What's the **occasion**?
이야, 이게 누구야! 무슨 (좋은) 일 있어?

●● 단어 앞에 **mis-**라는 접두사가 붙으면 '잘못'이라는 의미가 더해진다. **mistake** 잘못, 실수. **misplace** 어디에 물건을 잘못 두다. **misunderstand** 잘못 이해하다, 오해하다. **misbehave** 행동을 잘못하다, 못되게 굴다, 방탕한 짓을 하다 등등.

A: Where are you going?
　어디 가?
B: To find my bag. I guess I **misplaced** it somewhere.
　내 가방 찾으러. 어디다 잘못 두고 온 것 같아.

●●● **construction**

13. 기회Opportunities는 다가올 때보다 놓쳤을 때에going than coming 언제나 더 커 보인다.
14. 쓰레기Junk는 몇 년 동안 가지고 있다가kept for years 필요하기 3주 전에 버린thrown away 것이다.
15. 경험Experience이란 굉장한 것이다. 우리가 또다시 실수했을 때 우리는 경험을 통해 그것이 실수라는 것을 알 수 있다.
16. 치유될 수 없는 것은What can't be cured 견뎌내야 한다must be endured.
17. 논리적으로logically 생각하는 사람은 현실세계real world와 좋은 대조nice contrast를 이룬다.
18. 두 가지 악evils 중에서 하나를 골라야 한다면 전에 한 번도 해보지 않았던 것을 택하라.

4th Week
한바탕 웃음으로

4th WEEK DAY 1

There are two ways to slide easily through life; to believe everything or to doubt everything. Both ways save us from thinking.

인생을 쉽게 사는 두 가지 방법은 뭐든지 믿거나 아무것도 믿지 않는 것이다.
어느 쪽을 택하든 아무 생각 없이 살 수 있다.

- Alfred Korzybski -

To Say or Not to Say

해야 할 말과 하지 말아야 할 말

Whatever you do, do not under any circumstances talk to my parrot!

무슨 일을 하시든 어떤 경우에도 앵무새에게 말을 걸지 마세요!

Story 1.

Due to Old Age
나이 먹어서라고?!

An elderly man went to a doctor with multiple complaints.
"I see spots before my eyes," he said.
"It's due to old age," said the doctor.
"No food agrees with me," said the man.
"That too is due to old age," said the doctor. "The digestive system becomes weaker as we grow older."
"My back is giving me trouble," persisted the man.
"Sometimes the pain becomes unbearable."
"Old age," said the doctor.
This was too much for the man.
"Why do you go on saying 'old age, old age'," he screamed.
"If you cannot cure me, say so. I'll go elsewhere."
"See how easily you lost your temper," said the doctor. "That is another characteristic of old age."

- **elderly man** 노인, 할아버지
- **multiple** 여러 가지의, 복합적인
- **complaint** 병
- **spot** 점, 얼룩
- **digestive system** 소화기관
- **unbearable** 참을 수 없는, 견딜 수 없는
- **lose one's temper** 화를 내다
- **characteristic** 특징, 특성

● '~때문이다'라는 말은 영어로 **because of**가 퍼뜩 떠오를 것이다. 어떤 것이 원인이 되어 그것에 기인해서 어떤 결과가 나올 때 **due to**도 기억하시라. 나이 들어서 그래, 늙어서 그래. **It's due to old age.** 운동을 안 해서 그래 **It's due to lack of exercise.** 술을 너무 많이 마셔서 그래. **It's due to too much alcohol intake.**

A: I don't know why... but I get easily tired these days.
　왜 그런지 모르겠어. 요즘은 쉽게 피곤해진단 말이야.
B: It's **due to** old age.
　나이가 들어서 그래.
A: I can't memorize any numbers or names.
　번호나 이름 같은 것도 도통 외워지지가 않아.
B: That's **due to** too much alcohol intake!
　그건 술을 너무 많이 마셔서 그렇지!

●● **temper**는 '성질'이다. 성질을 잘 참고 있으면 **keep one's temper**이고, 성질을 못 이겨서 확! 화를 내버리면 **lose one's temper**.

●●● **construction**

한 나이 지긋한 노인elderly man이 여러 가지 불편한 데가 있어서with multiple complaints 의사를 찾아갔다.
"눈 앞에 반점들spots이 보여"라고 할아버지가 말했다.
"연세드셔서due to old age 그렇습니다"라고 의사가 말했다.
"음식도 통 입에 맞는 게 없는걸"이라고 할아버지가 말했다.
"그것도 연세 때문이죠"라고 의사가 말했다. "나이가 들면grow older 소화기관digestive system이 약해지거든요."
"등도 아파giving trouble" 할아버지는 계속 말했다persisted. "어떤 때는 너무나 아파서 참기 힘들 정도unbearable야."
"연세 때문입니다." 의사가 말했다.
그러자 할아버지는 화가 났다.
"왜 자꾸만 늙어서 그렇다는 말만 하는 게야?" 할아버지가 소리를 질렀다screamed. "못 고치겠으면 그렇다고 말을 하시구랴. 다른 곳에 가볼 테니."
"거 보세요. 금방 화를 내시지lost your temper 않습니까?" 의사가 말했다. "그것 역시 연세들면 나타나는 특징characteristic 중 하나거든요."

Story 2. Don't Talk to the Parrot!
앵무새에게 말을 걸지 마시오!

One day, Mrs. Brown's dishwasher quit working, so she called a repairman. He couldn't come in the evening, and since she had to go to work the next day, she told him: "I'll leave the key under the mat. Fix the dishwasher, leave the bill on the kitchen table, and I'll send you the money. By the way, don't worry about my dog. He won't bother you. But, whatever you do, do not under any circumstances talk to my parrot!"

When the repairman arrived at Mrs. Brown's apartment the next day, he discovered the biggest and meanest looking dog he had ever seen. But, just like she had said, the dog just lay there on the carpet, watching the repairman work on the dishwasher. However, the whole time he was there, the parrot drove him nuts with his incessant squawking and talking.

Finally the repairman couldn't contain himself any longer and yelled: "Shut up, you stupid bird!"

To which the parrot replied: "Get him, Brutus!"

- **bother** 귀찮게 하다, 성가시게 하다
- **mean** 성질이 나쁜
- **incessant** 끊임없는, 쉴 새 없는
- **contain oneself** 참다, 자제하다
- **under any circumstances** 어떤 경우에도, 절대로
- **drive sb. nuts** 사람을 미치게 하다, 돌아버리게 만들다
- **squawk** (새나 오리 등이) 꽥꽥거리다

• 「drive 누구 crazy」혹은 「drive 누구 nuts」라고 하면 '누구를 미치게 하다, 돌아버리게 만들다' 라는 뜻이다.

Shut up! You're **driving me crazy**! [You're **driving me nuts**!]
입 좀 다물어! 아주 나를 미치게 만드는구나! 너 때문에 미쳐버리겠다고!

be crazy about이라는 말은 미치기는 하는데 어떤 것이나 누구를 너무 좋아해서 미치는 것 즉, 열광적으로 아주 많이 좋아하다라는 뜻이다.

My brother doesn't step out of the house on the weekend. He's **crazy about** taking care of plants.
우리 오빠는 주말에는 한 발자국도 밖에 안 나가. 화초 키우는 데 푹 빠져 있거든.

●●● **You know what?** 정말? 정말!
Female canaries cannot sing.
암컷 카나리아는 노래를 부르지 않습니다.

●●● **construction**
　　어느 날 브라운 부인네 식기세척기|dishwasher가 고장 나서|quit working 부인은 수리 기사|repairman에게 전화를 걸었다. 수리 기사는 그 날 저녁 올 수 없다고 하고 부인은 다음 날 출근을 해야 해서 그녀는 기사에게 말했다. "제가 열쇠를 매트 아래에 둘게요. 식기세척기를 고치시고|fix 청구서|bill는 식탁 위에 두세요. 그러면 제가 송금해 드릴게요. 그런데 말이에요. 개는 신경 쓰지 마세요. 귀찮게 안 할 테니까요. 하지만 무슨 일을 하시든 어떤 경우에도|under any circumstances 절대로 저희 앵무새|parrot에게 말을 걸지 마세요!"
　　다음 날 수리 기사가 브라운 부인 집에 도착해보니 지금까지 본 중에 가장 크고 고약해 보이는|biggest and meanest looking 개가 있었다. 하지만 부인이 말한 대로 그 개는 수리 기사가 식기 세척기를 고치는 것을 바라보면서 그냥 카펫 위에 엎드려만 있었다|lay there on the carpet. 그러나 수리 기사가 일하는 내내 앵무새는 끊임없이 꽥꽥대고 말을 해서|incessant squawking and talking 수리 기사를 미치게 했다|drove him nuts.
　　마침내 수리 기사는 더 이상 참을 수가|contain himself 없어서 소리를 질렀다|yelled. "입 좀 닥쳐|Shut up, 이 멍청한 새야!"
　　앵무새는 바로 이렇게 응답했다. "물어 버려|Get him, 브루투스!"

4th Week Day 1　143

Story 3. A Prayer Before Dinner

오늘도 일용할 양식을 주셔서 감사합니다

Everyone was seated around the table as the food was being served. When little Bobby received his plate, he started eating right away.

"Bobby, wait until we say our prayer," his mother reminded him.

"I don't have to," the little boy replied.

"Of course you do," his mother insisted, "We say a prayer before eating at our house."

"That's at our house," Bobby explained, "but this is Grandma's house and she knows how to cook."

- **be seated** 앉다
- **serve** (음식을) 내다, 상을 차리다
- **plate** 접시, 요리 1인분
- **right away** 곧바로, 즉시
- **prayer** 기도
- **insist** 우기다, 주장하다, 단언하다

- wait until은 '~할 때까지 기다리다' 라는 뜻으로 쓰이지만 I can't wait until이라고 하면 '~하고 싶어 죽겠다, 빨리 ~하고 싶다' 라는 의미이다. 즉, '언제 기다리냐' 와 같은 뜻.

  I **can't wait until** my birthday.
  빨리 내 생일이 되었으면 좋겠다.
  I **can't wait until** my boyfriend comes back from France.
  남자친구가 프랑스에서 빨리 돌아왔으면 좋겠어.

- - insist는 보통 '주장하다' 라는 뜻으로 외우고 있지만 이런 예문 안에서 그 뉘앙스를 좀 더 정확히 이해하고 활용했으면 좋겠다. 우리말로 한다면 계속 조르는 것, 상대방은 싫다고 하는데 계속 권하는 것 정도의 의미이다.

  A: Care for some cookies?
  쿠키 좀 먹을래?
  B: No, thanks.
  아니, 됐어.
  A: I **insist**.
  먹어라, 응?

  When she asked me to join the party, I politely rejected. But I said yes at last, since she **insisted**.
  그녀가 파티에 함께 가자고 했을 때 나는 정중하게 거절했다. 하지만 계속 가자고 권하는 바람에 결국 가겠다고 말했다.

• • • construction

다들 식탁 앞에 앉자was seated 음식이 나왔다was being served. 어린 바비는 접시plate를 받자 바로right away 먹기 시작했다.
"바비, 기도하고say our prayer 먹어야지." 엄마가 주의를 주었다reminded.
"안 해도 돼요." 소년은 대답했다.
"당연히 해야 하는 거야." 엄마도 단호하게 말했다insisted. "우리 집에서는 식사를 하기 전에before eating 기도를 하잖니."
"우리 집에서나 그런 거죠." 바비가 설명했다. "여긴 할머니네 집이고 할머니는 요리하실 줄how to cook 알잖아요."

4th WEEK DAY 2

The advantage of a bad memory is that one enjoys several times the same good things for the first time.

잘 잊어버리는 것의 좋은 점은 좋았던 경험을 여러 번 처음처럼 즐길 수 있다는 것이다.

- Friedrich Nietzsche -

Life Is Still Beautiful

그래도 인생은 아름답습니다

There's nothing wrong with your eyesight.

당신 시력은 여전히 좋잖아.

Story 1.   Something Positive
긍정적으로 생각하라구

A husband and wife are getting ready to go to bed. The wife is standing in front of a full length mirror taking a careful look at herself.

"You know, honey," she says, "I look in the mirror and I see an old woman. My face is all wrinkled, my boobs are barely above my waist, my butt is hanging out a mile. I've got fat legs and my arms are all flabby." She turns to her husband and says, "Tell me something positive to make me feel better about myself."

He thinks about it for a bit and then says, "Well... there's nothing wrong with your eyesight..."

- **full length mirror**   전신거울
- **take a careful look at**   ~를 자세히[가만히] 쳐다보다
- **boobs**   (여자의) 가슴
- **barely**   빈약하게
- **butt**   엉덩이
- **flabby**   흐느적거리는, 축 늘어진
- **positive**   긍정적인, 좋은
- **eyesight**   시력

● 시력이 좋다, 혹은 나쁘다고 할 때는 have good eyesight 또는 have poor eyesight라고 한다. 눈이 나빠지고 있다? My eyesight is failing.

A: Wow, you still **have good eyesight**!
   와, 너 시력 아직 좋다!
B: I got a lasik surgery last year.
   작년에 라식 수술 받았거든.

My **eyesight** isn't as good as it was.
시력이 전과 같지 않아(전보다 나빠졌어).

● ● ● **You know what?** 정말? 정말!

A leopard's vision is so good it can practically see in the dark.
표범은 시력이 너무나 좋아서 어둠 속에서도 볼 수 있다고 합니다.

● ● ● **construction**

　　　남편과 아내가 잠자리에 들 준비를 하고 있다. 아내가 전신 거울full length mirror 앞에서 자기 몸을 물끄러미 쳐다보며taking a careful look at herself 서 있다.
　　　"있잖아요, 여보." 아내가 말한다. "거울 속에 늙은 여자가 하나 보여요. 얼굴은 온통 주름 투성이이고all wrinkled, 가슴boobs은 빈약하게 허리 위에 매달려 있고, 엉덩이는 저 한참 아래 매달려hanging out a mile 있네요. 다리는 통통한데다got fat legs 팔은 축 늘어졌어요 flabby." 아내가 남편을 돌아보며 말한다. "저한테 긍정적인 얘기something positive 좀 해 줘 봐요. 기분 좀 좋아지게make me feel better 말이에요."
　　　남편이 잠깐 생각하더니 말한다. "음… 당신 시력eyesight은 여전히 좋은 것 같애."

4th Week Day 2

Story 2.   Asking for a Push
좀 밀어 주시겠어요?

A man and his wife are awakened at 3 o'clock in the morning by a loud pounding on the door. The man gets up and goes to the door where a drunk stranger, standing in the pouring rain, is asking for a push.

"Not a chance," says the husband, "it is three o'clock in the morning!" He slams the door and returns to bed.

"Who was that?" asks his wife.

"Just some drunk guy asking for a push," he answers.

"Did you help him?" she asks.

"No, I did not. It is three in the morning and it is pouring outside!"

"Well, you have a short memory," says his wife. "Can't you remember about three months ago when we broke down and those two guys helped us? I think you should help him."

The man does as he's told, gets dressed, and goes out into the pouring rain. He calls out into the dark, "Hello, are you still there?"

"Yes," comes back the answer.

"Do you still need a push?" calls out the husband.

"Yes, please!" comes the reply from the dark.

"Where are you?" asks the husband.

"Over here on the swing!" replies the drunk.

● 요즘 건망증은 나이와 상관없이 찾아오는 것 같다. 건망증이 심하다? **You have a short[poor] memory** 혹은 **You're forgetful.**

Have I washed the dishes already? When? Oh, I'm getting **forgetful**.
내가 벌써 설거지를 했나? 언제 했지? 아휴, 점점 건망증이 심해지는군.

● ● ● **You know what?** 정말? 정말!
A raindrop falls at about 12 km (7.5 miles) per hour.
빗방울은 시간당 12km 정도의 속도로 떨어집니다.

● ● ● **construction**

한 남자와 아내가 어떤 사람이 문을 쾅쾅거리며 두드리는loud pounding 통에 새벽 3시에 잠에서 깬다awakened. 남자가 일어나 문 쪽으로 가보니 거기에는 처음 보는 사람이 술에 취해 폭우 속에in the pouring rain 서서 좀 밀어 달라고 부탁을 한다asking for a push.
"못 해드리겠네요Not a chance." 남편이 말한다. "지금 새벽 3시라고요!" 그리고는 문을 쾅 닫고slams the door 침대로 다시 돌아간다.
"누구예요?" 아내가 묻는다.
"어떤 술 취한 남자drunk guy가 좀 밀어 달라고 하잖아." 남편이 말한다.
"도와줬어요?" 아내가 묻는다.
"아니, 안 도와줬어. 지금은 새벽 3시인데다 밖에는 비가 퍼붓고pouring outside 있다고!"
"당신 벌써 잊었어요have a short memory?" 아내가 말한다. "3개월 전에 우리 차가 고장 났을broke down 때 어떤 남자 두 명이 우리를 도와줬던 거 기억 안 나요? 당신은 저 사람 도와줘야 해요."
남자는 그 말을 듣고 옷을 입고gets dressed 비가 퍼붓고 있는 바깥으로 나간다. 남자는 어둠 속을 향해 소리친다. "여보세요. 아직 거기 계신가요?"
"네!" 대답이 들려온다comes back the answer.
"밀어 드려요need a push?" 남편이 소리쳐calls out 묻는다.
"예! 부탁드려요!" 어둠 속에서from the dark 대답이 들려온다.
"어디 계신데요?" 남편이 묻는다.
"여기, 그네swing 위에요!" 술 취한 남자the drunk가 대답한다.

4th Week Day 2   151

Story 3. I Know You'll Forget
당신 틀림없이 잊어버릴 거예요

A young husband and wife noticed that they were beginning to forget many little things around the house. They were afraid that this could be dangerous, as one of them could accidentally forget to turn off the stove and thus cause a fire. So, they decided to write themselves little notes as reminders.

One day, the wife said, "Honey, will you please go to the kitchen and get me a dish of ice cream? And why don't you write that down so you won't forget?"

"Nonsense," said the husband, "I can remember a dish of ice cream!"

"Well, I'd also like some strawberries on it. You'd better write that down, because I know you'll forget."

"Don't be silly," replied the husband. "A dish of ice cream and some strawberries. I can remember that!"

"OK, dear, but I'd like you to put some whipped cream on top," said the wife.

"Okay, a dish of ice cream with strawberries and whipped cream," said the husband.

With that, the husband went to the kitchen. A few minutes later, he came out from the kitchen with a plate of bacon and eggs. The wife took one look at the plate, glanced up at her husband and said, "Hey, where's the toast?"

● '적어놓다' 라고 할 때는 **write it down**이라고 하고, '요점을 간단히 메모해두다, 간단히 적어두다' 라는 의미로는 **jot it down**이라는 말을 쓴다.

Why don't you give me your number? I'll **jot it down** on my organizer so that I can reach you later.
제게 전화번호를 알려 주시죠? 제 다이어리에 적어뒀다가 다음에 연락드릴게요.
(우리는 일정이나 메모를 하는 수첩을 보통 다이어리라고 해서 이렇게 해석을 달았는데 영어로는 daily[monthly/yearly] planner나 organizer라고 한다. diary는 그야말로 '일기')

● ● ● **construction**

　　　젊은 남편과 아내가 사사로운 집안일들many little things around the house을 자꾸만 깜박하기 시작한다는 것을 알았다noticed. 이러다가 잘못해서accidently 둘 중 어느 누가 가스불 끄는 것을 깜박해서forget to turn off 불이라도 날cause a fire 수 있으니 위험하다 dangerous는 생각이 늘었다. 그래서 이 부부는 잊어버리지 않게as reminders 뭐든 적어두기로 했다.
　　　하루는 아내가 말했다. "여보, 부엌에 가서 아이스크림 좀 갖다 줄래요? 그리고 잊어버리지 않게 적어가세요write that down."
　　　"말도 안돼Nonsense." 남편이 말했다. "아이스크림쯤이야 기억할 수 있다고!"
　　　"그래요. 그럼 그 위에 딸기도 좀 얹어 줘요. 그건 적어두는 게 좋겠어요. 당신이 잊어버릴 거니까요."
　　　"그런 소리 마Don't be silly." 남편이 말했다. "아이스크림에 딸기. 그건 기억할 수 있어!"
　　　"그래요. 여보, 그럼 맨 위에 휘핑크림whipped cream 좀 얹어 주면 좋겠어요." 아내가 말했다.
　　　"알겠어. 아이스크림에 딸기에 휘핑크림." 남편이 말했다.
　　　그렇게 말하고는With that 남편이 부엌으로 갔다. 몇 분 후에 남편이 베이컨과 달걀이 든 접시plate를 들고 부엌에서 나왔다. 아내는 접시를 한번 보더니took one look at the plate 남편을 올려다보며glanced up at her husband 말했다. "여보, 토스트는요?"

4th WEEK DAY 3

If suffering brought wisdom, the dentist's office
would be full of luminous ideas.

고통이 지혜를 낳는다면 치과는 위대한 사상으로 가득 차 있어야 한다.

- Mason Cooley -

Life from Both Sides

삶이란 생각하기 나름

I've been married to your sister for over 48 years.

나는 여태 48년을 당신 여동생과 살았수다.

Story 1.

Evil Incarnate
누가 진짜 악의 화신?

One Sunday morning, everyone in one bright, beautiful, tiny town got up early and went to the local church. Before the services started, the town's people were sitting in their seats and talking about their lives, their families, etc. Suddenly, Satan appeared at the front of the church. Everyone started screaming and running for the front entrance, trampling each other in a frantic effort to get away from evil incarnate. Soon everyone was evacuated from the church, except for one elderly gentleman who sat calmly in his seat, not moving... seemingly oblivious to the fact that God's ultimate enemy was in his presence. Now this confused Satan a bit, so he walked up to the man and said, "Don't you know who I am?"

The man replied, "Yep, I sure do."

Satan asked, "Aren't you afraid of me?"

"Nope, I'm not," said the man.

Satan was a little perturbed at this and queried, "Why aren't you afraid of me?"

The man calmly replied, "I've been married to your sister for over 48 years."

- **trample** 짓밟다, 깔아뭉개다
- **evil incarnate** 악의 화신
- **seemingly** 보기에, 보아하니
- **query** 묻다, 질문하다
- **frantic** 미친 듯한, 극도로 흥분한
- **be evacuated** 빠져나가다
- **oblivious** 안중에도 없는, 염두에 두지 않는
- **be perturbed** 혼란스러워하다, 동요하다, 어리둥절하다

oblivious to는 '~에 신경을 쓰지 않는, 염두에 두지 않는, 안중에 없는'이라는 뜻이다.
The elderly gentleman sat calmly in his seat, oblivious to the fact that Satan was in his presence 남자는 악마가 나타났는데도 그 사실에 전혀 신경을 쓰지 않은 채 그러거나 말거나 그저 가만히 자리에 앉아 있었다.

I was waiting for him on the street, completely oblivious to the shivering cold.
나는 그 추운 날씨도 완전히 잊은 채 길거리에서 그 사람을 기다리고 있었다.

또한 **oblivious**는 좀 '무딘, 둔한'이라는 뜻으로도 쓰인다.

I guess your mom sounds a little oblivious. Why don't you explain it to your mom specifically?
너희 엄마가 좀 둔하신 것 같다. 애, 엄마한테 구체적으로 설명을 해드리는 게 어때?

••• construction

어느 일요일 아침, 밝고 아름다운 자그마한tiny 마을에 사는 모든 사람들이 일찍 일어나서 동네 교회local church에 갔다. 예배services가 시작되기 전에 동네 사람들은 자리에 앉아서sitting in their seats 사는 얘기, 가족들 얘기 등을 하고 있었다. 갑자기 악마가 교회의 연단 쪽에 나타났다appeared. 모든 사람들은 소리를 지르기screaming 시작했고 악의 화신evil incarnate으로부터 도망치려고 필사적으로 서로 깔아뭉개며trampling each other 교회 앞 문 쪽을 향해 미친 듯이 달려 나갔다. 이내 교회 안에 있던 모든 사람들이 다 빠져나갔다evacuated. 단 한 명의 나이 지긋한 남자를 제외하고. 그 남자는 자기 자리에 조용히calmly 앉아 꼼짝도 안 하고 있었다. 겉으로 보기에seemingly 그는 하느님의 적God's ultimate enemy인 악마가 나타났다는 사실은 안중에도 없는oblivious 듯 했다. 이에 조금 당황한 악마는 남자에게 걸어가서 물었다. "당신은 내가 누구인지 모르느냐?"
남자가 대답했다. "알지요. 알고말고요sure do."
악마가 물었다. "너는 내가 무섭지 않으냐?"
"아니요. 안 무섭습니다." 남자가 말했다.
악마는 어리둥절해서perturbed 물었다queried. "왜 내가 무섭지 않지?"
남자는 조용히 대답했다. "저는 여태 48년을 당신 여동생과 살았수다."

Story 2. The Dangers of Golf
골프 칠 때는 조심

A couple of women were playing golf one sunny Saturday morning. The first of the two women teed-off and watched in horror as the ball headed directly toward four men playing the next hole. Indeed, the ball hit one of the men and he immediately put his both hands between his knees, fell to the ground and proceeded to roll around in agony. The woman rushed down to the man and immediately began to apologize. She then explained that she was a physical therapist and offered to help ease his "pain."

"Please allow me to help!" she told him earnestly.

"Ummph, I'll be alright... I'll be fine in a few minutes," he replied as he remained in the fetal position still clasping his hands together at his knees.

The woman took it upon herself to begin to "ease his pain." She began to massage his knees. After a few moments she asked, "Does that feel better?"

The man looked up at her and replied, "Yes, that feels pretty good... but my thumb still hurts like hell!"

- **tee-off** 티샷을 하다, 골프에서 공을 치다
- **in agony** 몹시 괴로워하며
- **physical therapist** 물리치료사
- **fetal position** 태아와 같은 자세로, 둥그렇게 몸을 만 자세로
- **clasp** 꼭 쥐다, 꼭 잡다
- **proceed** 계속하다
- **rush down** 달려 내려가다
- **earnestly** 간절히, 애원하며
- **take upon onself to** 결단을 내려 ~하다

골프에 대한 이야기를 이해하려면 골프 용어 몇 개쯤은 알아두는 게 좋다.

티 샷 (TEE SHOT) 티에서 볼을 치는 것을 말한다.
티 업 (TEE UP) 볼을 치기 위하여 티 위에 볼을 올려 놓는 것
티 오프 (TEE OFF) 티에 올려 놓은 골프 공을 쳐서 날리는 것
마커 (MARKER) 볼을 집어들 때 볼의 위치를 표시하기 위해 놓는 표식
파 (PAR) 티를 출발하여 홀을 마치기까지의 정해진 기준 타수를 말한다. 그린 위에서의 퍼팅은 2번을 기준으로 한다. 보통 3, 4, 5타를 기준 타수로 정하고 있으며 여성 골퍼의 경우 6타의 홀까지 있다.
보기 (BOGEY) 파보다 하나 많은 타수로 홀인하는 것
싱글 (SINGLE) 핸디캡이 9이하 1까지의 골퍼
그린 (GREEN) 잔디가 짧게 깎이고 퍼팅을 위하여 특별히 정비된 장소 (20야드 이내)
그린 피 (GREEN FEE) 플레이어가 지불하는 코스 사용료
갤러리 (GALLERY) 골프 시합을 관전하러 온 관중
그랜드 슬램 (GRAND SLAM) 한 해 동안 US 오픈, 브리티쉬 오픈, 매스터즈, 미국 PGA 선수권 등 주요 경기의 챔피언을 모두 따내는 것
벙커 (BUNKER) 장애물의 일종으로 '모래 함정이나 풀이 무성한 저지 같은 곳
오비 (OB) 아웃 오브 바운즈(OUT OF BOUNDS)의 약자. 플레이 금지 구역

••• construction

여자 두 명A couple of women이 어느 화창한sunny 토요일 아침에 골프를 치고playing golf 있었나. 투 닝 중 한 명이 디샷을 쳤고teed off 곧이어 공이 다음 홀에서 골프를 치고 있던playing the next hole 네 명의 남자 쪽으로 곧바로 날아가는headed directly 것을 보고 놀라서 바라보고 있었다watched in horror. 과연 그 공은 그 네 명 중의 한 명을 명중했고, 곧바로immediately 그 남자가 두 손을 무릎 사이에 넣고는 땅바닥에 넘어져서fell to the ground 몹시 괴로워하며in agony 데굴데굴 굴렀다proceeded to roll around. 여자는 남자에게로 달려가서는rushed down 곧바로immediately 사과하기apologize 시작했다. 그리고는 자기가 물리치료사physical therapist라고 말하면서 "고통pain"을 덜어주겠노라고 말했다.
"제가 도와드릴 수 있게 해 주세요allow me to help!" 진심으로earnestly 여자가 남자에게 부탁했다.
"음… 전, 괜찮습니다. 조금만 있으면 괜찮아질 거예요." 그 남자는 아직도 두 손을 무릎 사이에at his knees 끼고clasping 태아 같은 자세로in a fetal position 대답했다.
여자는 결단을 내려 "고통을 덜어주기ease his pain" 시작했다. 여자는 남자의 무릎을 마사지하기 시작했다. 얼마 후에 여자가 물었다. "좀 나아졌나요?"
남자는 여자를 올려다보며looked up at her 대답했다. "그러네요. 훨씬 낫네요. 그런데 엄지손가락thumb이 아직도 무지무지하게 아파요hurts like hell!"

4th Week Day 3

Story 3.

4 Sons
내 아들이 어떤 아들인지 알아?

4 gentlemen went out to play golf one sunny morning. One of them was detained in the clubhouse, and the other three were talking about their sons while walking to the first tee. One gentleman said, "My son Brad has made quite a name for himself in the home-building industry. He began as a carpenter, but now he owns his own design and construction firm. He's so successful in fact, and last year he was able to give a good friend a brand new home as a gift." The second man said that his son began his career as a car salesman, and now owns a multi-line dealership. "Nick is so successful, in fact, in the last six months he gave his friend two brand new cars as a gift." The third man's son, Greg, has worked his way up through a stockbrokerage, and in the last few weeks has given a good friend a large stock portfolio as a gift.

As the fourth man arrived at the tee, the other men told him that they had been talking about their sons. "To tell the truth, I'm not very pleased with how my son turned out," he replied. "For 15 years, my son Chico has been a hairdresser, and I've just recently found out he's gay. However, on the bright side, he must be good at what he does because his last three boyfriends have given him a brand new house, two cars, and a big pile of stock certificates."

• 성공했다는 표현도 다양하다. **successful**이라는 표현 말고도 **make quite a name for himself[herself] in**이라고 하면 '어떤 분야에서 꽤 이름을 날리다'라는 의미이다. 또 **work one's way up**이라는 말도 '성공하다, 출세하다'라는 뜻이다. **work one's way up to A**는 '출세해서 결국 A가 되었다'는 말이고, **work one's way up through~**라고 하면 '~라는 분야에서 꽤 성공하다, 출세하다, 승승장구하다'라는 말이다.

My friend, Joe has **worked his way up to** company president.
내 친구 Joe는 출세해서 결국 회사 사장까지 되었어.

••• construction

어느 화창한 일요일 아침, 4명의 중년 신사가 골프를 치러 갔다. 일행 중 한 명이 클럽하우스에서 늑장을 부리고 있어서 was detained 나머지 세 명이 먼저 첫 번째 홀 tee로 걸어가면서 각자 아들에 대한 얘기를 했다. 한 남자가 말했다, "내 아들 브래드는 주택건축업계 home-building industry에서 꽤 이름을 날리는 성공을 했다구 made quite a name for himself. 목수로 시작했는데, 지금은 디자인과 건축을 하는 자기 회사를 가지고 있지. 꽤 성공을 해서 작년에는 친한 친구한테 선물로 최신식 brand new 주택을 선물로 지어 주기도 했다네." 두 번째 남자는 자기 아들이 자동차 영업사원으로 시작해서 지금은 여러 대리점 multi-line dealership을 소유하고 있다고 말했다. "닉은 꽤 성공했지, 사실, 지난 6개월 동안 그애는 자기 친구한테 신형 자동차를 두 대나 선물로 줬다는군." 세 번째 남자의 아들인 그렉은 주식중매 stockbrokerage로 성공해서 worked his way up 몇 주 전에는 친한 친구에게 상당한 양의 주식을 선물로 주었다는 것이다.
네 번째 남자가 홀에 도착하자 나머지 세 남자는 자기네들이 여태까지 아들 얘기를 하고 있었다고 말해주었다. "솔직히 말해서 나는 내 아들에 대해 뭐 그리 뿌듯하지는 않네"라고 남자가 말했다. "15년 동안 내 아들 치코는 미용사로 일해왔는데, 최근에서야 recently 내 아들이 동성애자 gay라는 것을 알게 되었지. 하지만 좋게 생각하면 on the bright side, 지금 하고 있는 일을 꽤 잘하고 있는 것 같긴 하더군. 지금까지 아들이 사귀었던 세 명의 남자친구들이 그애에게 새 집이며 자동차 두 대, 그리고 꽤 많은 주식을 선물해주었거든."

4th WEEK DAY 4

Alcohol is like love. The first kiss is magic, the second is intimate, the third is routine.

술은 사랑과 같다. 첫 키스는 신비롭고, 두 번째는 친숙하며, 세 번째는 습관적이다.

- Raymond Chandler -

Alcohol Warnings

술 취했을 때의 증상

The consumption of alcohol may lead you to believe that ex-lovers are really dying for you to telephone them at four in the morning.

술을 마시면 전에 사귀던 애인들이 당신 전화를 받고 싶어 몸이 달아 있다고 착각하게 된다. 그것도 새벽 4시에.

Part 1. A Major Factor in Dancing like an Idiot

당신이 바보처럼 춤추게 되는 주된 이유

The consumption of alcohol may make you think you are whispering when you are not.

The consumption of alcohol is a major factor in dancing like an idiot.

The consumption of alcohol may cause you to tell the same boring story over and over again until your friends leave.

The consumption of alcohol may cause you to think you can sing.

The consumption of alcohol may lead you to believe that ex-lovers are really dying for you to telephone them at four in the morning.

- **consumption** 소비
- **whisper** 귓속말하다, 소곤소곤 이야기하다
- **ex-lover** 헤어진 전 연인
- **die** 몹시 ~하고 싶어 하다

영어가 우리말의 쓰임과 다른 것 중 하나가 이렇게 사람이 아닌 것을 주어로 하는 문장이다. '술을 마시면'이라는 표현을 영어로 언뜻 생각하면 **If we drink** 혹은 **When we drink / When we are drunk**가 떠오를 텐데 영어에서는 이렇게 사람이 아닌 것이 주어가 되는 구문, 소위 '물주구문'이라는 것도 많이 쓴다. 접속사를 쓰고 주어, 동사를 이어 말하는 것보다 이런 '물주구문'으로 말을 하거나 의미를 받아들이기가 좀더 어려운 감이 있으므로 많이 읽고 말해서 익숙하게 해두자. 잠을 충분히 자지 않으면 운전을 조심스럽게 주의해서 하기가 힘들다는 말은 **If you don't sleep enough, you can possibly drive carelessly**라고 할 수도 있고 **Lack of sleeping can cause you to drive carelessly**라고도 말할 수 있다.

••• **You know what?** 정말? 정말!

Vikings, after killing their enemies, used their skulls as drinking vessels.

바이킹들은 적을 죽인 다음에 적의 해골을 음료수 잔으로 사용했다고 합니다.

••• **construction**

술을 마시면consumption of alcohol 소리를 지르고 있으면서도 자신이 소곤거리며 whispering 이야기하고 있다고 느껴질 수 있다.

술을 마시는 것이 바보처럼 춤추는dancing like an idiot 주된 이유이다.

술을 마시면 같은 얘기를 지루하게 하고 또 해서over and over again 결국 친구들이 모두 집에 갈 때까지 하게 된다.

술을 마시면 노래를 불러야겠다고 느끼기도 한다.

술을 마시면 전에 사귀던 애인들ex-lovers이 당신 전화를 새벽 4시에 받고 싶어 한다고 착각하게 된다.

Part 2.   What the Heck Happened to
Your Pants

지난 밤 당신 바지에 일어난 사건

The consumption of alcohol may leave you wondering what the heck happened to your pants.

The consumption of alcohol may make you think you can logically converse with other people around you without spitting.

The consumption of alcohol may make you think you have mystical Kung Fu powers, resulting in you getting pulverized.

The consumption of alcohol may cause you to roll over in the morning and see something really scary (whose species and or name you can't remember).

The consumption of alcohol is the leading cause of inexplicable burns on the forehead.

- **logically** 논리적으로
- **converse** 대화하다, 얘기하다
- **pulverize** 부수다, 망가뜨리다
- **inexplicable** 설명할 수 없는, 불가사의한
- **forehead** 이마

- 의문사로 시작하는 말의 의미를 강조하는 방법으로 의문사 뒤에 **the heck, the hell, the fuck**을 넣을 수 있다. 순서대로 점점 의미가 강해진다. **the heck**은 가볍게 의미를 강조할 때 쓰고, **the hell**은 좀 더 강하게 의미를 전달할 수 있으며 아주 화가 났거나 성질 났을 때, 어이없을 때는 **the fuck**을 넣어서 말할 수도 있다.

(At Matt's house)
A: Matt, what **the heck** are you doing here?
  매트, 너 여긴 대체 웬일이야?
B: What **the hell** are you talking about? It's my house!
  무슨 똥딴지 같은 소리야? 여긴 우리집이라고!
A: What? What **the fuck**... oh, I shouldn't have drunk that much...
  뭐야? 제길할… 으휴, 술을 그렇게 많이 마시지 말았어야 했는데 …

● ● ● **construction**

술을 마시면 대체 내 바지에 무슨 일이 일어났는지what the heck happened to your pants 모를 수도 있다.

술을 마시면 옆에 있는 사람들과 논리적으로logically 침도 튀기지 않고without spitting 대화할converse 수 있다고 믿게 되기도 한다.

술을 마시면 당신이 신비로운mystical 쿵푸 실력Kung Fu powers을 가지고 있다고 생각하게 되어 결국 몸이 아작 날getting pulverized 수도 있다.

술을 마시면 다음날 아침에 깨어 이게 뭐야 하는 끔찍한scary 것(누군지도 이름도 모르는 사람)을 보게 될 수도 있다.

술을 마시면 이마forehead에 왜 생겼는지 모르는 화상inexplicable burns이 생길 수도 있다.

Part 3. A Disturbance in the Time-space Continuum
언제 어디서 무슨 일이 있었는지 기억하지 못하다

The consumption of alcohol will make you believe that you are tougher, smarter, faster and more handsome than some really, really big guy named TINY.

The consumption of alcohol may lead you to believe you are invisible.

The consumption of alcohol may lead you to think people are laughing with you.

The consumption of alcohol may cause a disturbance in the time-space continuum, whereby small (and sometimes large) gaps of time may seem to literally disappear.

- **invisible** 눈에 안 보이는, 눈에 보이지 않는
- **disturbance** 혼란
- **time-space continuum** 시공 연속
- **literally** 말 그대로, 사실상
- **disappear** 사라지다, 없어지다

- **-able**을 붙이면 '~할 수 있는'이라는 의미가 단어에 첨가된다. 동사에 그대로 붙여서 쓰기도 하지만 형태를 바꾸어 **-able**을 붙여 말하는 것도 있으니 기억해두자. 눈에 보이는 **visible** 먹을 수 있는, 식용의 **edible** 혹은 **eatable**. 마실 수 있는 **drinkable**. 들을 수 있는 **audible**. 감당할 수 있는, 감당할 만한 **manageable**.

A: Oh, I'm so thirsty. Is there anything to drink?
   아, 너무나 목이 마르다. 마실 것 좀 없어?

B: Here's some milk. But I think it's been in the refrigerator for a long time.
   여기 우유 있네. 근데, 냉장고 안에 오래 있었는데...

A: What? Is it still **drinkable**?
   뭐야? 그럼, 아직 마실 수는 있는 건가?

••• construction

술을 마시면 이름이 Tiny라는 무지무지 거구인 사람보다 자신이 더 터프하고tougher 훨씬 더 똑똑하며smarter 빠르고faster 더 잘생겼다고 믿기도 한다.

술을 마시면 당신이 투명인간invisible이라고 믿게 되기도 한다.

술을 마시면 다른 사람들이 당신과 함께 웃고 있다는laughing with you 생각이 들기도 한다.

술을 마시면 짧은 (혹은 긴) 시간의 차이gaps of time는 말 그대로literally 사라져버리고 언제 어디서 무슨 일이 있었는지time-space continuum 기억하는 데 혼란disturbance을 겪기도 한다.

4th WEEK DAY 5

To be stupid, selfish, and have good health are three requirements for happiness, though if stupidity is lacking, all is lost.

어리석음, 이기심, 건강은 행복의 세 가지 필요조건이다. 그러나 어리석지 않으면 모두 소용없다.

- Gustave Flaubert -

Change of Mind
마음 바뀌는 건 한순간

There's a sickly girl next door. Take her instead!
옆집에 아픈 여자애가 있으니 그애를 데려가시구랴!

Part 1. There Was a Sickly Young Girl
병든 소녀가 살았다네

There was a sickly young girl who always seemed to be at death's door. The girl has been suffering from a fatal disease for a long time. Her neighbour was a widow, bent with age. Whenever she caught sight of the girl, she would shake her head sadly and say: "Oh God, why do you torment that poor child. If you want a life, take this old woman!"

- **sickly** 건강이 좋지 않은, 병든
- **be at death's door** 죽음의 문턱에 있다, 빈사 상태에 있다
- **fatal disease** 불치병, 죽을병
- **catch sight of** ~를 발견하다, 힐끗 보다
- **torment** 괴롭히다, 고통을 주다

- 남성을 가리키는 명사와 여성을 가리키는 명사의 어미는 다르다. 가령 **-er**을 붙이면 남성, **-ess**를 붙이면 여성이라는 식이다. **widow**는 결혼했다가 혼자된 '과부'를 의미하고 **widower**는 결혼했다가 혼자된 남성, 즉 '홀아비'를 가리킨다. **host**는 모임이나 식사를 초대한 주빈 남자, **hostess**는 주빈 여자. **steward**는 남성 승무원, **stewardess**는 여성 승무원. **waiter**는 남성 서빙직원, **waitress**는 여성 서빙직원. 남자배우는 **actor**, 여배우는 **actress**. 하지만 요즘은 남성과 여성 상관없이 하나의 명사를 쓰는 경우도 많다. **policeman** 대신에 **police officer**를, **chairman**대신에 **chairperson**을, **steward**나 **stewardess** 대신에 **flight attendant**를 쓴다.

- • 예전의 상태나 성격을 말할 때는 **used to**를 써서 말하고, '과거에 어쩌곤 했다'라는 행동을 말할 때는 **would**를 쓴다고 기억해두자. 예전에는 수줍음 타는 조용한 성격이었는데 지금은 아니다라고 하면 **used to be shy**라고 하고, 지금은 아니지만 '전에는 수원에 살았었다'고 하면 **used to live in Suwon**이라고 한다. 전에 하곤 했던 행동을 나타낼 때, 예를 들어 예전에 심심할 때 '개를 데리고 호수 주변을 산책하곤 했었다'라는 말은 **would walk around the lake with my dog**라고 하면 된다.

(In the living room)

Friend A: Your son is very active and positive!
네 아들은 참 활동적이고 적극적이다!

Friend B: I know. But he **used to** be really shy and quiet when he was at school.
그러게. 근데, 학창시절에는 얼마나 수줍음타고 조용했다고.

Friend A: Really? I can't even imagine that!
정말이야? 믿기지 않는다, 얘!

• • • construction

죽음의 문턱을 오락가락하는seemed to be at death's door 병든sickly 어린 소녀가 있었다. 이 소녀는 오랫동안 불치병fatal disease을 앓아왔다. 이웃사람 중에 과부widow가 한 명 있었는데 나이가 들어 허리가 구부정했던bent with age. 이 여자는 소녀를 볼caught sight of the girl 때마다 슬프게 머리를 저으며shake her head sadly 말하곤 했다.

"아이고, 하느님, 왜 저 불쌍한 아이poor child를 힘들게torment 하시는 거유? 생명을 앗아가시려면 이 늙은이를 데려가시구려!"

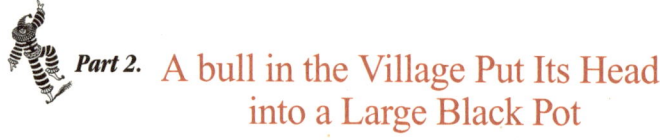

Part 2. A bull in the Village Put Its Head into a Large Black Pot

마을의 황소 한 마리가 커다란 검은 독에 머리가 끼었다

One evening a bull in the village put its head into a large black pot to get at some grain at the bottom, and then couldn't get its head out. Frightened and confused, it ran here and there, unable to see where it was going because its eyes were covered by the pot. Meanwhile, the old woman we mentioned, was visiting her neighbor. She came out and as usual began shaking her head and saying that if God wanted a life he should take hers.

- **bull** 황소
- **pot** 항아리, 단지
- **grain** 곡물, 낟알
- **frightened** 겁을 먹은
- **confused** 당황한
- **meanwhile** 한편
- **as usual** 평소처럼, 늘 그랬듯이

- **neighbor**와 **neighborhood**, 쉬운 말이지만 회화에서 혼동하는 경우를 심심치 않게 본다. **neighbor**는 이웃에 사는 사람, '이웃 사람'을 가리키는 말이고, **neighborhood**는 이웃, 내가 사는 동네를 가리키는 말이다.

(On the street)
A: Have you just moved in?
이사 오셨나봐요?
B: Yes.
네.
A: Nice to meet you. I live next door.
만나서 반가워요. 저는 옆집에 살아요.
B: Do you? Nice to mee you, too. I really like this **neighborhood** and it's a good thing to meet a good **neighbor** like you.
그러세요? 저도 만나서 반가워요. 이 동네가 참 마음에 드네요. 그리고 댁 같은 좋은 이웃을 만나게 되어 좋기도 하구요.

••• construction

어느 날 저녁, 마을의 황소bull 한 마리가 독 밑바닥bottom에 깔려 있는 곡물grain을 먹으려고 커다란 검은 항아리 속에 머리를 들이밀었다가 put its head 머리를 빼지 못했다. 눈이 독으로 가려covered by the pot 어디가 어디인지where it was going 볼 수 없게 되자 겁도 먹고Frightened 당황한confused 황소는 이리저리here and there 뛰어다녔다. 한편Meanwhile 아까 말했던 그 나이든 할머니는 이웃집에 가 있었다. 그 집에서 나오면서came out 여느 때처럼as usual 고개를 저으며 만약 하느님이 목숨을 원하시거든 자기 목숨을 가져가달라고 take hers 말하기 시작했다.

4th Week Day 5

Part 3. There's a Sickly Girl Next Door. Take Her Instead.
옆집에 아픈 여자애가 있으니 그애를 데려가시구랴

Suddenly she became aware that a powerfully-built beast, apparently headless, was rushing at her.

"Don't come to me!" she shouted and was filled with terror.

"Mercy, my Lord, mercy!" she screeched, falling to her knees in front of the advancing bull.

"Spare me. There's a sickly girl next door. Take her instead!"

- **powerfully-built** 몸집이 어마어마한
- **beast** 짐승
- **apparently** 언뜻 보니까, 외관상으로
- **screech** 비명을 지르다
- **advancing** 돌진하는, 달려오는

● 우리말로 '언뜻 보기에, 얼핏 보기에'에 해당되는 말이 **apparently**. 회화에서 자주 쓸 수 있는 요긴한 단어이므로 기억해두면 좋겠다. **seemingly**와도 같은 뜻이고, 동사로 쓸 때는 **seem, look** 등을 써도 같은 뜻이 된다.

A: How was your blind date yesterday?
어제 소개팅 어땠니?

B: Well... my partner was **apparently** a good guy. / My partner looked good.
뭐… 보기에는 좋은 사람 같더라.

A: What do you mean by "apparently"?
"보기에는"이라니 무슨 말이야?

B: After two hours, he turned out to be a real jerk!
두 시간 지나니까 완전히 이상한 놈인 거 있지!

● ● ● **You know what?** 정말? 정말!

Are you more afraid of a shark than a cow? Statistically you are more likely to be attacked by a cow than a shark.
소보다 상어가 더 무섭다고요? 통계적으로는 상어에게 공격받을 가능성보다 소의 공격을 받을 가능성이 더 크답니다.

● ● ● **construction**

그러다 갑자기Suddenly 무시무시한 몸집의 짐승powerfully-built beast이 딱 보기에 머리가 없는apparently headless 채로 돌진해오는rushing at her 것이 보였다.
"오지 마!" 할머니는 소리를 지르며shouted 잔뜩 겁을 먹었다filled with terror.
"주여, 하느님, 주여!" 할머니는 비명을 질렀고screeched 돌진해오는 황소advancing bull 앞에 무릎을 꿇었다.
"살려주슈Spare me. 저기 옆집에 아픈 여자애sickly girl가 있다우. 대신 그 여자애를 데려가시구랴!"

하루 10분 좋은 영어습관 1-1-10 시리즈

다양한 지문으로 영어를 배우는
READING SECTION

생생한 영화로 영어를 배운다
영화속의 명대사

〈영화 속 명대사〉는 우리에게 익숙한 20편의 영화를 통해 외우고 싶었던 대사에서 일상 표현까지 공부할 수 있습니다. 수록된 20편의 영화는 사랑, 희망, 가족애를 다루고 있습니다. 각 영화마다 독특한 뉘앙스, 핵심 체크, 패턴 표현 등의 해설을 실어 영화를 통해 회화 공부는 물론 영어권 국가의 사회와 문화를 이해할 수 있습니다.

김승은/252쪽/8,800원
스페셜 서비스
● 20편의 영화에 대한 핵심 포인트 저자 직강!
● 전문 성우가 녹음한 본문 음원 MP3 제공!

감동적인 명문으로 영어를 배운다
감동이 있는 짧은 영어

〈감동이 있는 짧은 영어〉는 20편의 재미있고 짧은 영어 원문을 통해 글을 읽는 재미도 느끼고 영어 독해 실력도 늘릴 수 있습니다. 수록된 20편의 영어 원문은 삶의 태도, 인생의 가치, 무조건적인 사랑, 고난과 희망의 내용이 담겨 있습니다. 본문에 관련 어휘, 핵심 체크, 패턴 표현을 실어 빠르고 부담없이 영어 원문을 읽을 수 있습니다.

김승은/180쪽/7,800원
스페셜 서비스
● 20편의 지문에 대한 핵심 포인트 저자 직강!
● 전문 성우가 녹음한 본문 음원 MP3 제공!

실수를 통해 영어를 배우는
COMMON MISTAKES SECTION

헷갈리는 어휘로 배우는 영어
Common Mistakes in Vocabulary

163개의 헷갈리는 어휘를 통해 영어를 배운다!

〈헷갈리는 어휘로 배우는 영어 Common Mistakes in Vocabulary〉는 영어 시험이나 일상생활에서 우리가 잘못 써왔던, 혹은 평소에 혼동했던 어휘를 되짚어보고 실제로 그것을 어떻게 활용할 수 있는지 학습할 수 있는 책입니다. 알고 있던 어휘를 정리하는 복습의 시간, 몰랐던 어휘의 다양한 의미를 배우는 앎의 시간, 배운 것을 표현을 통해 활용해보는 실습의 시간을 통해 영어 실력을 향상시킬 수 있습니다.

정혜영/192쪽/8,500원
스페셜 서비스
● 전문 성우가 녹음한 본문 음원 MP3 제공!

문화 차이로 배우는 영어
Common Mistakes in Culture

문화를 알아야 영어가 산다!

〈문화 차이로 배우는 영어 Common Mistakes in Culture〉는 오랫동안 같은 대학에서 근무하면서 겪었던 경험을 바탕으로 한국인 교수와 미국인 교수가 상대편의 문화 차이를 설명해 줌으로써 영어 학습에 도움을 주고자 기획된 책입니다. 기존의 문화 관련 책이 미국 문화 위주로 소개된 반면 이 책은 한국인과 미국인의 관점에서 바라본 두 나라의 문화 차이를 동시에 보여줍니다. 내용을 대화 형식으로 설명해서 외국인과의 실제 대화에 효과적으로 사용할 수 있게 구성했습니다.

마이클 펏랙 · 이현호/256쪽/8,800원
스페셜 서비스
● 전문 성우가 녹음한 본문 음원 MP3 제공!